구인회 LG그룹 회장, 기록

순간의 선택이 10년을

부자 氣 받기 시리즈 2

구인회 LG그룹 회장, 기록

순간의 선택이 10년을

2023년 2월 15일 초판인쇄
2023년 2월 20일 초판발행

저　자 : 이래호
펴낸이 : 신동설
펴낸곳 : 도서출판 청미디어

신고번호 : 제2020-000017호
신고연월일 : 2001년 8월 1일
주소 : 경기 하남시 조정대로 150, 508호 (덕풍동, 아이테코)
전화 : (031)792-6404, 6605
팩스 : (031)790-0775
E-mail : sds1557@hanmail.net

편　집 : 고명석
디자인 : 정인숙
표　지 : 여혜영
교　정 : 계영애
지　원 : 박흥배
마케팅 : 박경인

정가 : 15,000원
ISBN : 979-11-87861-60-7 (03330)

부자 氣 받기 시리즈 02

구인회 LG그룹 회장, 기록

순간의 선택이 10년을

이 래 호 지음

기록과 흔적

부끄럽다, 정말 부끄럽다.
전문 지식도 없으면서
위대한 창업주에 대해
기록을 정리하는 것이….

두렵다, 정말 두렵다.
좁고, 깊이 없는 내용으로
위대한 기업인에 대해
기록을 남긴다는 것이….

사료(史料)로 인식되지 않을지라도
더 늦기 전에 기록으로 남겨놓고 싶었다.
언젠가, 누군가 반드시 해야 할 일이라 생각하기 때문이다.

훗날, 세 분의 창업주에 대한 기록이 필요할 때
필자의 기록이 참고자료라도 되었으면 좋겠다.
필자의 기록이 일부라도 인용이 되었으면 좋겠다.
그날을 위해 기록을 정리하여 남긴다.

이병철, 구인회, 조홍제 창업주 모두 경남 출신이다.
세 분 모두 첫 사업을 경남에서 시작하였다.
이런 관계로 인해
창원(마산), 진주, 함안, 의령에는 창업주 세 분의 흔적이 남아 있다.
이병철의 마산 협동정미소 터와 일출자동차 사업장, 진주 지수면 매형댁,
구인회의 진주 구인상회 터와 진주 수정동, 상봉동 고택,
조홍제의 함안 군북산업 터와 마산 육일공작소 터가 대표적이다.

기록과 흔적에 대해 자료의 공식적인 증명이 필요하다.
창업주 세 분의 '경남지행(慶南之行)'은
반드시 기억을 기록으로, 흔적을 유산으로 남겨야 한다.
더 늦기전에 누군가 반드시 해야 할 일이다.

2023년 2월

容河之室에서 이 래 호

추천서문

이래호(李來鎬) 박사 저

이병철 삼성(三星)그룹 창업주, 기록

구인회 LG그룹 창업주, 기록

조홍제 효성(曉星)그룹 창업주, 기록

내가 이래호(李來鎬) 박사를 처음 만난 것은, 2017년 2월 대학에서 정년퇴직한 직후 동방한학연구원(東方漢學研究院)에서였다. 중국문화기행을 기획하고 있는데, 전공자 교수로 참여해서 중국문화를 깊이 있게 이해하는 데 도움이 되어 달라는 것이 이박사의 요청이었다.

나도 중국문화에 관심이 많아 중국을 자주 다니던 터라 이박사의 제안을 흔쾌히 받아들여 실행에 옮기게 되었다. 그 이전에 그는 중국에 관한 모든 것을 취급하는 '차이나로 컨벤션'이라는 법인을 만들어, 한국과 중국 사이에 필요한 일을 할 준비를 해 두었다.

30, 40명을 한 팀으로 만들어 10여 차 중국 각지의 고적을 동행탐사하면서 이박사를 자주 접하였다. 이박사를 가까이서 자주 접하면서 그를 깊이 알게 되었고, 점점 대단한 사람이라는 인식을 갖게 되었다.

그는 지극히 근면성실하고 책임감이 강하고, 이해관계에 흔들리지 않는 사람이라는 것을 직접 목도하였다.

그는 젊은 시절 국내 30대 경제 규모의 거평그룹에 입사하여 회장 비서실 과장 등을 거쳐 중국 지사장 및 현지투자 법인장으로 8년 동안 중국에 체류하였다. 그 동안 개혁개방으로 고속성장하는 중국경제의 현장을 직접 체험하였다. 이후 미국, 일본에 체류하며 동서 세계에 대한 시야를 넓혔다.

그 뒤 국내로 돌아와 한양대학교 국제학대학원 박사과정에 들어가 정식으로 중국관계를 연구하여 국제학 박사학위를 받았다. 중국을 중심으로 한 국제관계의 전문가의 길로 들어섰다. 그 이후 인제대학교 중국학부, 창원대학교(昌原大學校)의 산학협력교수로 임명되어, 중국관계의 학문적인 전문지식을 후학들에게 전수하였다.

그 뒤 다시 경상남도 산하의 경남개발공사 관광사업본부장에 발탁되어 경남의 관광사업의 장기적인 기본설계를 하였다.

뜻한 바 있어 사직한 후에는 중국전문업체인 차이나로 컨벤션 회사를 만들어 중국과 한국의 가교역할을 전문적으로 할 준비를 했다.

경남에는 사실 관광사업을 할 만한 자원은 많은데, 아직 기본적인 청사진도 마련되지 못해 늘 답보상태에 있다. 이런 이유는 그 방면에 대한 전문적인 연구가 없기 때문이다.

이에 이박사는 기초부터 다시 시작해야 하겠다는 생각으로 경남의 문화, 관광 자원에 대한 기초연구를 철저히 하기 시작했다. 인문학 관광 자원으로 가치가 있는 경남 출신이면서 경남에서 기업을 태동하여 오늘날 세계적인 기업이 된 삼성(三星), 금성(金星 : 오늘날의 LG), 효성(曉星) 창업주에 대한 연구에서부터 출발하였다.

이박사는 타고난 탐구심과 분석력, 문장력을 가졌다. 그는 철저하게 현장조사하여 자료를 발굴하고, 철저하게 고증 분석하여, 사실을 하나 하나 밝혀나갔다. 조그마한 의문 하나를 해결하기 위하여 수십 차례의 답사나 면담도 마다하지 않았다. 이렇게 모은 자료를 바탕으로 자연스러우면서 이해가 잘 되는 문장으로 서술해 나갔다.

먼저 경남신문에 연재하였는데 많은 사람들의 호응을 크게 얻었다. 글을 읽어 본 사람들 대다수가. "이런 귀한 자료를 일회성으로 신문에 연재만 하지 말고, 책으로 엮어 내어 영구히 전하도록 해야 됩니다." 라고 출판을 권유하여 마침내 출판을 하게 되었다.

책 내용은, 이 세 분 창업주에 대해서 소문으로만 듣던 이야기를 현장에서 직접 발굴하고 많은 사람들의 증언을 보태어 정확한 역사 사실로서 완성하여 남긴 것이다. 그리고 내용이 흥미진진하고, 변화를 추구하며 써서 읽어 보면, 지루하지 않다. 단숨에 읽으면서 많은 지식이 기억이 잘 되게 되어 있어, 많은 사람들에게 크게 도움을 줄 것이다.

특히 자기 사업을 해 보겠다는 뜻을 가진 젊은이들에게 창업하여 성공하는 비결을 제시하고 있다고 확신한다. 무미건조한 경영관계 교과서보다 몇 배 더 효과가 있을 것이다.

필자는 경제학 전문가는 아니지만, 경제에 관심이 비교적 많다. 경제(經濟)나 경영(經營)이라는 말이 원래 유교경전(儒教經典))에서 나왔다. 또 세 분의 창업주는 모두 유학자 집안의 자제들이다. 지금 우리나라에서는 일본 사람들의 왜곡된 교육으로 "유학이 나라를 망쳤다."고 생각하는 사람이 많다. 그러나 유학을 바르게 알고 잘 활용하면, 경제를 일으킬 수 있고, 더 나아가 나라를 일으킬 수도 있다.

퇴계(退溪) 이황(李滉) 선생의 선비정신이나 남명(南冥) 조식(曺植) 선생의 경의(敬義) 사상도 경제에 그대로 적용할 수 있다. 솔선수범하고 남을 배려하고 국가 민족을 생각하는 선비정신을 가지면, 경제계에서도 성공할 수 있다. 경(敬)으로 자신의 마음을 바로잡고, 의(義)로써 처신을 바르게 하면, 어떤 사업도 성공할 수 있다. 사악(邪惡)한 방법으로 일확천금(一攫千金)을 노리는 사람은 오래지 않아 실패한다. LG에서 회사의 경영원칙으로 삼은 정도경영(正道經營)도 유교의 원리에서 나왔다. 무슨 일이든지 정도(正道)로 하면 중간에 어려움을 겪을지라도 결과적으로 성공하고 승리한다.

이병철, 구인회, 조홍제 세 분 창업주의 유학에 바탕을 둔 경영방식은, 기업계에 좋은 기풍을 조성할 것으로 확신한다. 이 책을 통해서 이 세 분의 유학에 바탕을 둔 경영방식을 여러분들은 잘 배우기 바란다.

인쇄가 거의 다 되어갈 무렵에 이박사가 나에게 서문에 부탁해 왔다. 그간의 정의로 볼 때, 사양하기 어려웠다. 더구나 이박사는 필자의 동방한학연구원의 간사로서 많은 일을 맡아 나를 도우고 있는 상황이다. 나의 서문이 별 도움 될 것이 없겠지만, 이 세 분 창업주를 이해하고, 저자 이래호(李來鎬) 박사를 이해하는 데 도움이 될까 해서 몇 줄의 글을 써서 요청에 부응한다.

2023년 계묘년 정초(正初)에,

문학박사 동방한학연구원장 허권수(許捲洙) 경서(敬序).

許捲洙

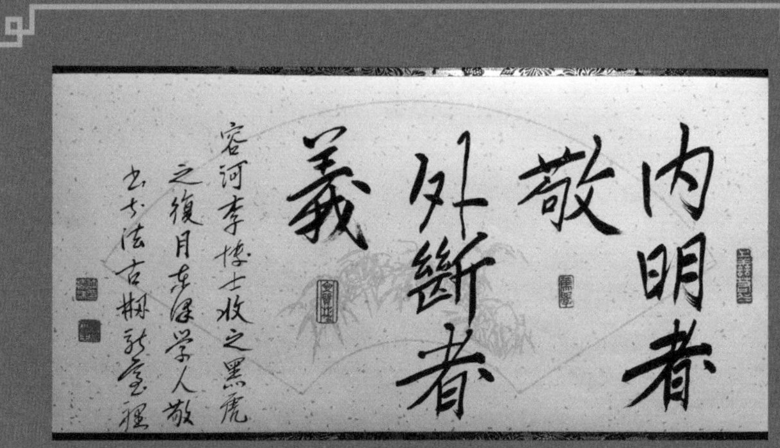

내명자경 외단자의 : 남명(南冥) 조식(曺植) 선생의 글

글씨 : 실재 허권수 교수

뜻 : 경(敬)으로 자신의 마음을 바로잡고, 의(義)로써 처신을 바르게 하면 어떠한 어려움도 극복하고 성공 할 수 있다

contents

2부 … 기억을 기록으로

부 록

• 호칭 : 이병철 = 이병철 사장 = 이병철 회장
• 학교명 : 00공립보통학교 = 00보통학교 = 00초등학교
00고등보통학교 = 00고보 = 00고등학교
• 외국 인명, 지명, 학교명 : 원음과 한국명 표기로 혼용하였다.
• 실명의 경우 문맥상 존칭을 생략하거나 당시의 직책을 사용하였다.
• 전 직책과 현 직책의 직함을 문장 속에 적절하게 혼용하였다
• 토지, 쌀, 석, 섬, 원, 환 등 각종 단위는 당시의 것과 현재 사용하는 단위로 적절하게 혼용하였다.

1 순간의 선택이 10년을

The choice of the moment is 10 years

1 _ 구인회의 고향 진주와 지수면

유교 경전을 자주 읽고 자신의 현재와 미래를 보는 능력을 키워라.

진주는 산과 강, 그리고 근접한 곳에 바다까지 품고 있다. 학문적으로 선비 사상의 기운이 많은 곳이라 사람들의 말과 행동은 겸손하고 부지런하여 일상에 여유와 넉넉함을 가지고 있다.

임진왜란과 같은 역사의 큰 상흔도 문화와 예술로 치유하여 '예향의 도시', '대한민국의 샹그릴라'라는 수식어가 어색하지 않은 도시이다. 이와 연관 지어 필자에게 진주를 상징하는 것 세 가지를 추천하라고 하면 남강과 진주성, 촉석루를 주저하지 않는다. 그러나 우열을 가리기 힘들지만 개천예술제, 남강유등제, 비봉산도 진주를 대표하는 수식어로 부족함이 없다.

1) 영남 제일의 경치 진주와 남강

일찍이 고려시대 문신 이인로는 "진주는 시내와 주변 산의 경치가 영남에서 제일"이라 하였다. 진주시와 옛 진양군을 소개하는 '진양지'

우리나라 3대 누각의 하나인 진주 촉석루. <진주시청>

에 실린 비봉산 관련 기록이다. "월아산 동쪽에는 비봉(봉이 날아가는 모습)의 형태를 가진 산이 있어 예로부터 정승이 태어날 것"이라 하였다. 진주의 비봉산은 도시 북쪽에서 남쪽으로 시내를 둘러싸고 있는데, 마치 봉황의 날개를 펼친 모양처럼 아름답다.

조선을 건국한 태조 이성계가 임금이 되기 전 남해 금산에 갔다가 진주를 거쳐서 한양으로 갔다. 훗날 조정 신하 중 영남지방에서 강(姜)·하(河)·정(鄭) 세 성(姓)을 가진 인물이 많이 나오자 무학대사로 하여금 진주의 지세를 알아보도록 하였다. 무학대사가 남강변 진주성터 봉우리에 올라서니 북으로 산이요, 남으로 강이라, 그 중앙에 있는 진주의 마을이 천하의 명당자리였다. 그 북쪽의 산이 비봉산(대봉산)이고 남쪽의 강이 남강이다. 과연 경치가 "영남 제일이다" 하였다.

2) 봉황의 기(氣)가 있는 비봉산

진주 시가지 풍경. <진주시청>

봉황은 왕의 상징이다. 대봉산의 의미가 큰 봉황이 있는 산이라, 무학대사는 한양 외 봉황의 터는 존재하여서는 안 된다는 생각을 가지고 있었다. 이런 이유로 대봉산의 등허리쯤에 지맥을 끊어 버리고 산의 이름도 봉황이 날아가 버린 비봉산(飛鳳)으로 고쳐 부르게 하였다. 날아간 버린 봉황을 잡기 위해 그물을 씌워 망진산(網鎭)이라 불렀다. 그 후 후일을 기다리며 서울을 바라보는 망경(望京)산이라 부르다가 지금은 진주를 조망할 수 있는 망진(望晉)산이라 부른다고 한다.

봉황의 기운이 있다는 것은 나라에 혼란이나 불운이 없어 모든 백성들이 편안하게 지내는 시대를 말한다. 진주 비봉산과 망진산에도 꼭 한 번 올라 봉황의 기운을 받아 무병장수와 재물 복, 학복을 통한 가정의 태평성대가 이루어지기를 바란다.

3) 영남 인재의 절반은 진주에서

고려 말 포은 정몽주가 진주에 들러 비봉산 앞 비봉루에서 하룻밤을 묵고 시 한 편을 남겼다. "비봉산 앞에 있는 비봉루에서 하룻밤 잠든 사이 꿈을 꾸었다. 땅의 기운이 좋고 강·하·정씨의 인물이 뛰어나니 그 명성 장강처럼 대대손손 흘러가리라."

훗날 사람들은 인물이 뛰어난 강·하·정씨(지령인걸강하정)를 진주를 대표하는 성씨로 인식하였다. 포은 정몽주가 머물고 간 역사적 사실을 남겨놓기 위하여 1940년 초 비봉산 아래 비봉루가 세워졌다. 그 아래 지수 출신 허만정이 사재를 기부하여 주도적으로 세운 진주여자고등학교가 멋진 풍광을 뽐내고 있다. 지금의 비봉루는 정씨 후손이자 입체감 있는 글씨체로 대한민국 서예계의 거장으로 서예사에 한 획을 남긴 '은초 정명수' 선생께서 거주하였던 곳이다. 진주지역을 비롯 공공기관 건물 중앙 현관에 은초 정명수의 글이 걸려 있으면 사회활동을 잘하는 분이라는 표현이 있었다. 그리고 비봉루는 한때 타 지역의 예술인들이 진주에 오면 반드시 들렀다가 가는 상징적 장소였다.

4) 이중환의 택리지 속 진주

이중환의 택리지에 좋은 땅의 기준을 구분해 놓았다. 첫째, '지리'이다. 지리는 땅, 산, 강, 바다 등에 대한 형이상학적인 살기 좋은 곳이어야 하는데, 풍수학적으로 좋은 지리는 물가에 부자가 많다고 하였다.

둘째, 그 땅에서 생산되는 이익을 '생리'라 한다. 이것은 기름진 땅, 배와 수레로 물자 수송이 편리한 곳을 말한다. 기름진 땅으로는 전라도 남원과 구례를, 경상도에는 진주와 성주가 첫째라 하였다. 셋째, '인심'이다. 이 뜻은 동네 풍속이 좋아야 한다.

마지막 네 번째는 '산수'가 좋아야 한다.

이러한 조건에서 조선시대 명당자리, 좋은 땅의 기운을 받는 곳을 소개하였는데 그곳이 바로 경상도에는 '진주'의 땅이다. 특히 진주는 생리와 산수가 다른 곳

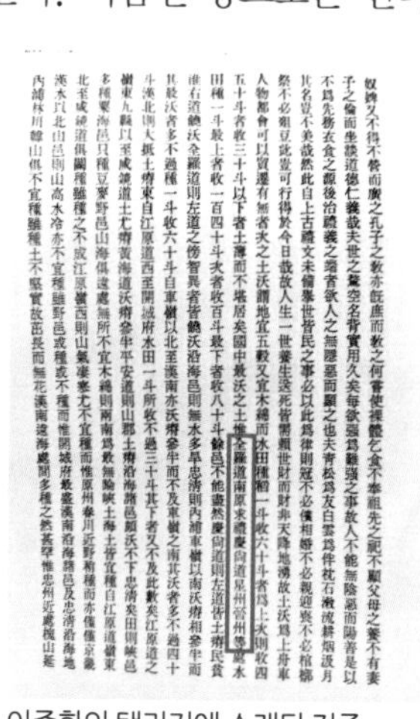

이중환의 택리지에 소개된 진주.

보다 뛰어나 가장 으뜸이라고 하였다.

세종 때 집현전 학사 최항은 "우리나라는 산수가 아름답기로 천하에 으뜸이다. 경상도 진주의 산은 영남에 서려 있어 웅장하고 빼어나다. 그 모습이 기이하여 아름다운 것이 우리나라에서 으뜸이다"라 하였다. 이 뜻은 진주는 명당조건 중 하나인 산수가 좋다는 것이다.

5) 진주시 지수면 승산리

지리산, 덕유산 물이 모인 진양호 상류에는 청동기시대 문화의 꽃을 피운 곳이다. 선조들은 오래전부터 이곳 호수에서 흘러내린 물줄기를 따라 마을을 이루며 살았다. 진주 남강의 물은 비옥한 토지를 주어 여러 곳에 마을과 다양한 문화를 세우는 토대가 되었다. 진주의 중심부 남강변 촉석루에서 30리 정도 강물을 따라가면 물결이 회룡지형을 만들어 넓은 옥토가 펼쳐진 지수면 승산리가 자리 잡고 있다. 지수(智水)와 승산(勝山)의 한자 표현은 지혜로운 물과 품격이 있는 산으로 해석함이 풍수지리에 가까운 명당 표현일 것 같다. 이러한 명당 승산리는 허씨 문중이 일찍 자리를 잡아 가세를 넓히고 부를 일구어 온 곳이다. 그 후 1700년경 구씨 성이 정착을 하면서 자연스레 허씨 집안과 혼인을 하여 승산리에도 구씨, 허씨 가문이 함께 생활하는 마을이 되었다.

6) 지수면 승산리 출생 구인회

지수면 승산리에는 상동마을과 하동마을이 있다.

상동에는 구씨 문중이 살았고 주로 벼슬을 많이 하였다. 구인회 집안도 초기에는 천석꾼의 부자였다. 구인회 할아버지(구연호)가 30여

년간 중앙의 관직에 있었지만 청렴결백하여 집안의 자산은 많이 줄어든 상태였다. 구인회가 태어날 때 구씨 집안은 큰 부자는 아니었다.

하동에는 허씨 문중이 많이 살았고 농토를 잘 일구어 부자가 많이 배출되었다. 한 마을에 두 가문이 살다 보니 자연스레 구씨, 허씨 가문의 혼인도 많아지게 되었고 친인척으로 맺어지면서 양가 관계는 돈독해졌다. 구인회 역시 1920년 14세 때 허씨 집안 대표 부자인 허만정의 재종 동생 허만식의 장녀 허을수와 결혼하였다.

일제강점기 교육령은 1면 1학교 설립 방침에 따라 지수면에도 1921년 5월 9일 지수보통학교(현 지수초등학교)가 설립되었다. 개교 당시에는 4년제로 1학년과 2학년만 모집되었고 구인회는 문해력을 인정받아 2학년 과정에 입학하였다. 구인회가 천자문과 논어를 읊던 서당 아이에서 새신랑이 된 후 15세가 되면서 지수초등학교 신식학생이 되어 넓은 세상을 만난 것이다.

2 _ 구인회 흔적, 진주시 상봉동과 봉 알자리

공경함으로 자신을 다스리며, 검소함으로 가정을 다스려라.

진주 서북부에 위치한 상봉동은 비봉산을 품고 있는 동네이다. 이곳에 '봉(鳳) 알자리'가 있다. 관광객에게 널리 알려진 곳도 아니고 인터넷 검색에도 잘 나오지 않는 곳이다. 진주에 거주하는 중장년층 이상은 대부분 아는 곳이다. 이전에는 출입문도 없어 동네 사람들은 큰 나무 아래서 바둑도 두고, 아이들은 풀밭 위에서 씨름도 하였다. 지금은 울타리가 세워져 있어 출입하기가 곤란하다. 뚜렷한 관리 주체가 없는지 담장이나 잡초 등이 효율적으로 관리되지 못해 아쉬움이 크다.

1) 진주 상봉동 봉 알자리

'봉 알자리' 관련 몇 가지 전설이 있다. 진주는 옛날부터 진양 강씨 집안에 인물이 많이 났다. 그리고 진주 대봉산(현 비봉산) 아래 거주하며 권세를 누렸다. 그 이유를 대봉산 위 봉암(바위)의 정기 때문이라고 사람들은 믿었다. 조정에서 이 이야기를 듣고 대봉산의 봉암을 깨트리자 바위 속에 있던 봉황이 날아가 버렸다. 그 후 진양 강씨 문중에 인물이 나지 않고 쇠퇴하자 봉황을 다시 부르기 위해 지금의 자리에 봉 알자리를 만들었다는 전설이 있다.

구인회가 산책을 한 진주 봉 알자리. 〈이래호〉

또 다른 전설은 지금의 진주시 상봉동과 봉곡동이 한 동네일 때 이곳에 큰 바위와 작은 바위가 쌓여 있었는데, 이 모습이 봉황과 비슷한 형태였다.

고려시대 도인이 지나다 이 바위를 보고 강씨의 번성함은 이 바위에 있다 하였다. 이 소문을 들은 신하가 임금에게 강씨가 권력을 차지하려고 한다며 강씨의 모함을 고하자 임금은 명을 내려 바위를 깨트렸고, 대봉산(大鳳山)의 이름도 봉이 날아가 버렸다는 비봉산(飛鳳山)으로 바꾸어 버렸다. 봉이 물을 마시던 연못도 가마솥에 넣고 삶는다는 '가마못'으로 고쳤다는 전설이다.

최근 봉 알자리에 대한민국의 기업인, 정치인, 수험생들이 많이 다녀갔다는 이야기를 들었다. 방문 목적은 이곳에서 새로운 결심을 하여 심기일전하면 봉황의 기운을 받아 원하는 것은 이루어지는 믿음이 가는 장소 때문이라 생각한다.

2) 봉황과 대나무

봉황은 대나무 숲에서 자란다. 봉황은 백년에 한 번 핀다는 대나무 꽃과 열매를 먹고 산다. 대나무 숲이 많은 곳을 대밭이라고 한다. 그래서인지 진주에는 옛날부터 대밭이 많았다. 지금도 경남도립문화예술회관 앞에는 대밭이 있고, 촉석루 건너 쪽도 대나무 숲이다. 진주여자고등학교 교정에도, 비봉산 산책로에도 대나무가 많이 있다. 상봉동에는 대나무가 많은 '대롱골'이라는 지명도 있다. 진주 역사의 해박한 지식을 가진 진주문인협회 회장과 경상국립대학교 교수를 지낸 이명길 박사는 '동기 이경순전집'에 진주의 대밭을 다음과 같이 이야기하였다. "진주농림학교(현 경상국립대학교 칠암캠퍼스) 후문 길은 낭만의 길인기라, 탱자 울타리가 있고 푸른 대밭이 5리길이나 되지, 그리고 강변으로 백사장이 쫙 있었지, 타 지역에 거주하는 시인과 화가들이 한 번 이상 찾는 곳이고, 아울러 예술인들이 진주를 방문하면 반드시 안내하는 진주의 명소였지."

이명길 박사의 호는 기리이다. 키가 커서 기린을 닮았다고 붙여진 호이다. 필자가 시조 가르침을 받은 적이 있다. "내 키가 이렇게 커도 비 온 뒤 죽순 사흘 큰 키도 되지 않는다, 자연과 맞서 싸우려 하지 말고, 사람을 만나면 위, 아래 구분하지 말고 겸손해야 한다"는 말씀이 아직도 생생하다.

요즘은 도시의 편리를 위해 도로나 공원시설로 확장하다 보니 대나무 밭이 많이 줄어들었지만 진주에 봉황이 살았던 전설을 뒷받침하듯 대밭이 유달리 많았던 것은 사실이다.

3) 진주 역사의 시작 상봉동

"진주 역사의 시작은 상봉동이다." 이 말은 2015년, 최진수 상봉동지 편찬위원장과 동민들이 협력하여 출판한 '상봉동지'에 실린 글이다. 이 책에는 "진주는 비봉산을 배산임수로 하여 옛날부터 촌락을 이

비봉산과 진주 상봉동 풍경. 〈진주시청〉

루고 살아오면서 터가 좋아 관공서가 많이 자리 잡게 되었다. 그리고 비봉산에는 많은 사담이 전해오고 있지만, 특히 봉황과 진양 강씨의 흥망과 관련된 전설이 많이 있다"라고 상봉동을 소개하였다.

1925년 경남도청이 부산으로 이전하면서 진주의 세가 약해진 것과 관련하여 봉황이 또 다른 도시로 떠났다는 것까지 전설과 연결되고 있다. 다른 도시도 유사한 경우가 있겠지만 진주의 지명이나 산에는 봉황의 봉(鳳)이 들어간 곳이 유달리 많다. 비봉산, 봉원·봉래초등학교, 봉원중학교, 봉산사, 봉 알자리, 상봉동, 봉수동, 봉곡동 등이다. 지금의 진주여고 옛 이름도 한때는 봉산고등여학교였다.

4) 구인회가 거주한 상봉동

맹자의 말씀 중에 거이기(居移氣)와 양이체(養移體)라는 단어가 있다. 사람이 처해 있는 환경이나 살고 있는 장소에 따라 사람의 마음도 변하고 또는 먹는 음식에 따라 몸과 마음의 태도도 변한다는 의미이다.

구인회의 경우 포목점 경영을 할 때부터 동생과 자녀의 교육에도 속 깊은 계획을 가지고 있었던 것을 알 수 있다. 더 나은 환경에서 더 큰 마음으로 학업에 열중하기를 바라는 '맹모삼천지교'의 의미도 포함되어 있는 것 같다.

옛 가마못 터에 있는 포은 정몽주 유적비.
〈이래호〉

1935년, 구인회가 진주에서 포목장사를 한 후 어느 정도 안정이 되고 동생과 자녀들도 성장하자 상급 학교에 보내기 위해 진주시 수정동으로 이사를 왔다. 마루를 중심으로 큰 방 3개가 배치되어 있는 주택이다. 1936년 동생 구태회가 진주고등보통학교에 입학하면서 함께 거주하였다. 1942년 구인회는 동생과 자녀들이 학교와도 가깝고, 포목점과도 멀지 않은 진주시 상봉동 봉 알자리 인근으로 다시 이사를 하였다. 수정동 주택보다 공부방이 2개나 더 있는 한옥으로 동생과 자녀들의 교육환경을 배려한 것이었다.

당시 상봉동은 도심지와 가깝고 교통도 좋았으며 거주 환경과 주변의 풍경이 매우 아늑한 곳이었다. 진주에서 경제력이 좋은 분들이 많이 거주한 곳이기도 하였다. 하지만 지금의 봉 알자리가 있는 상봉동은 신도시에 밀려 개발이 정체되고 있다. 반대로 생각하면 도심 속에 이 정도 아늑하고 여유 있는 풍경의 환경을 가진 곳은 없을 것이다. 동네 뒤로는 비봉산, 앞으로는 남강이 위치한 명당 속의 명당 진주 상봉동이 머지않아 다시 한번 더 옛 명성을 되찾을 것이라 생각한다.

5) 관광 스토리 빌딩, 진주시 상봉동 구인회 고택

진주 시내 구인회가 거주하던 상봉동 동네는 당시에 일본식 지명으로 봉산정이라 하였다. 상봉동은 해방 후 1949년 상봉동동, 상봉서동으로 분리되었다가 2013년에 다시 통합하여 상봉동으로 부르고 있다.

구인회 회고록에서 밝혀진 자료와 기타 문서로 볼 때 구인회의 상봉동 거주는 1942년부터 1945년 9월까지이다. 구인회 회고록에 1940년대 거주한 주택의 사진이 있어 상봉동 일대를 찾아다녔지만 신축이 많이 된 상태라 지금 현재 그때의 주택 모습은 찾을 수가 없다.

구인회가 거주한 진주 상봉동 자택. 〈구인회 회고록〉

구인회는 상봉동 봉 알자리가 집에서 가까워 퇴근 후 이곳 봉 알자리를 자주 산책 하였다는 이야기도 있다. 여러 가지 자료와 회고 내용을 분석해 보면 구인회의 진주 고택은 봉 알자리와 진주여고 중간 지점으로 추측이 된다. 고택에 대한 기록은 없고 사진만 있어 정확한 위치는 알 수 없다. 하지만 검증할 수 있는 방법은 구자경의 진주중학교 학적부를 열람하는 등 몇가지 있다.

지금의 진주중학교와 진주고등학교는 1925년 4월 개교한 5년제 진주고등보통학교가 뿌리이다. 1938년 4월 진주공립중학교로 명칭이 변경되었다가 1950년 4월 6년제 진주중학교로 교명을 바꾸었다. 1951년 9월에 비로소 3년제 진주북중학교와 3년제 진주고등학교로 분리되었다. 진주북중학교는 1953년 2월 진주중학교로 교명을 변경하고 오늘에 이르고 있다.

구인회의 셋째 동생 구태회는 지수보통학교를 졸업하고 1936년 진주고등보통학교에 입학을 하였지만 1941년 교명이 바뀌어 5년제 진주공립중학교 이름으로 졸업하고 일본으로 유학을 갔다.

구자경의 경우 삼촌 구평회와 함께 1939년 5년제인 진주공립중학교에 입학을 하여 1944년 2월 졸업하였다. 그리고 당시 교사는 일본군의 강제 징용 대상에서 제외된 직종이었다. 구자경도 교사가 되기 위하여 1944년 2월 진주사범학교 1년제 교사 양성과정에 입학하여 1945년 3월 졸업을 하였다.

교사자격증을 취득한 구자경은 진주배영초등학교에 첫 발령을 받아 출근을 하였지만 일본인 교장의 부당한 헌금요구에 불만을 표시하고 출근을 하지 않았다. 훗날 고향인 지수보통학교에 발령을 받게 되었다.

구자경이 졸업한 진주사범학교의 뿌리는 1923년 4월 개교한 경남공립사범학교이다. 조선총독부가 초등교원 양성제도를 개편, 각 도에 관립 사범학교를 설치하도록 하여 1940년 4월에 진주에도 사범학교가 설치되어 초등교원을 양성하였다. 그 후 이 학교는 1962년 3월 2년제의 진주교육대학으로 개편되었다.

정홍원 전 국무총리와 김기재 전 총무처 장관이 진주사범학교 졸업생이다. 학교 재학을 근거로 할 때 구인회의 셋째 동생 구태회는 진주 수정동에서 생활하면서 학교에 다녔다. 구인회의 장남 구자경은 진주공립중학교 3학년까지는 수정동에서 생활하였고 4학년이 되던 1942

진주의 상징 남강과 촉석루, 진주성 풍경. <진주시청>

년부터 1945년 3월 진주사범학교 졸업까지는 진주 상봉동에서 생활한 것을 알 수 있다.

구자경은 진주공립중학교 재학 중인 1942년 결혼을 하였다. 장남 구본무(LG그룹 3대 회장)는 1945년 2월 출생으로 구자경의 부인이 진주시 대곡면 본가로 가서 구본무를 출산하였다는 이야기, 진주시 상봉동 고택이 구본무의 생가라는 이야기가 있어 이와 관련하여 사실 관계를 필자가 조사해 보았다.

금성사에 부품을 납품하는 기업으로 구자경의 큰 처남 하효준이 설립한 '오성사'라는 회사가 있다. 이 회사에 근무한 구인회의 외사촌 여동생 남편의 동생이기도 한 하동 출신 정연구 어르신으로 부터 2022년 12월 14일에 필자가 전해들은 이야기이다. 허권수 교수께서 소개해 주어 장시간 통화를 하였다.

구본무 회장이 대곡면 고택에 올 때마다 "저기 저 방이 내가 태어난 방이다" 하시는 것을 여러 차례 들었다고 한다. 그리고 구본무는 "막내 외삼촌 하효낙과 세살 차이로 유아시절 외할머니의 사랑을 외삼촌보다 어린 내가(구본무) 다 받아 함께 생활한 막내 외삼촌이 어머니(구본무 외할머니) 사랑을 많이 못 받은 것이 가슴에 남는다"는 말씀을 많이 하셨다고 전해 주었다. 이러한 내용으로 볼 때 구본무는 대곡면 외할머니 댁에서 태어나고 성장한 것으로 볼 수 있다.

1945년 9월, 해방이 되자 구인회는 진주 상봉동 고택을 떠나 부산 서대신동 3가 513번지로 이사를 갔다. 그리고 1945년 11월 부산에서 '조선흥업사'라는 무역회사를 기반으로 전 세계인이 주목하는 LG그룹을 만들었다.

진주시 상봉동에 있는 봉 알자리 주변의 구인회 고택과 중앙시장의 구인회 포목상점 터를 찾았으면 한다. 이곳을 중심으로 비봉산과 봉알자리, 가마못, 비봉루, 포은 정몽주 유적비, 진주여고, 진주중·고등학교와 연결하여 '걸어서 만나는 진주 경제·문화 여행길'이 만들어졌으면 좋겠다는 생각을 가진다. 현재 포목점 터는 일제강점기 구인상회 명함에 나와 있는 주소를 기본으로 하면 쉽게 찾을 수 있다고 생각한다. 그리고 지금의 의류가게 이전 이곳에서 장사를 한 세탁소, 의상실의 전화번호도 있어 이를 근거로 확인하는 방법도 있을 것이다.

상봉동 고택은 구평회, 구자경의 직계가족이 아버지가 다녔던 현재의 진주중·고등학교 학적부를 조회하면 가능할 것 같다. 학적부에는 보호자, 거주지 주소가 기록되어 있을 것이다. 학적부 주소가 상봉동이면 이 주소가 구인회 진주 고택이다. 필자가 진주교육청, 경상남도교육청에 요청하였지만 개인정보 공개 불가라 하여 더 이상 진행하지 못하고 있다. 역사가 있는 경제 흔적지로 그 가치는 높아 반드시 찾아야 하는 사회의 공공자산이라 생각한다.

3 _ 구인회와 한학이야기

가정에는 최소한 2~3개의 가훈이 있어야 한다.
그래야만 가장이 모범적인 행동을 보여 줄 수 있다.
가훈은 자녀에게 행동과 실천의 기준이 된다.
가훈은 가족이 함께 만들고 그것은 훗날 한 가정의 가풍이 되어
몸과 마음에서 빛나는 자산이 된다.

구인회가 어린 시절인 1910년대 지수면에는 신식학교 교육기관이 없었다. 대부분 아이들은 서당에 다니거나 마을 선비들의 가택에서 가르치는 천자문, 논어, 맹자 등 유교 경전을 중심으로 학문을 익혔다. 승산리에는 창강정사, 양정재, 연정 등 서당이 몇 곳 있었다.

구씨네는 양정재에서, 허씨네는 연정에서 공부를 하였다. 서당 공부가 끝나면 너나 구분 없이 서로 만나서 장난도 치고, 지수면에 있는 염창강 나루터에서 물놀이를 하면서 성장하였다.

1) 서당에서 사서삼경 등 한학 공부

구인회도 6세가 되던 해부터 집 부근에 있는 창강정사와 양정재에서 할아버지 만회 구연호로부터 한학 지도를 받았다. 만회 구연호는 어려서부터 사서삼경에 주석이나 뜻풀이를 한 천재였다. 고종 때 홍문관 교리가 되어 임금 앞에서 경서를 강론한 신하였다.

교리는 조선시대 홍문관의 정5품 벼슬이다. 홍문관은 사헌부, 사간원과 함께 삼사라 하여 경서와 서적 관리도 한다. 경연(經筵)이라 하여 왕 앞에서 경서를 강론하는 일과 왕자를 교육하는 직책이기도 하다. 구연호는 홍문관 교리로 받는 급여로는 한양 생활이 쉽지 않았다. 그렇지만 부정하거나 도에 어긋나는 행동도 하지 않았다. 청빈한 생활을 하면서 부족한 돈은 지수 본가에서 가져다 사용하여 고향집은 천석꾼이던 재산이 많이 줄어든 상태였다.

구연호는 1907년 홍문관이 폐지되자 한양에서 공직 생활을 청산하고 고향 승산으로 낙향하였다. 군자는 노년이 되면 걸음을 걷지 않는다고 하였다. 1909년 1월 7일부터 13일까지 대한제국의 순종 황제는 대구와 부산, 마산을 차례로 방문하는 '남순행로'를 하였다. 구연호는 이 시기 순종 황제 부산 방문 때 단 한 번 외출을 하였다. 그 후 외부와 일체의 관계를 끊고 이곳 승산리에 창강정사를 지어 거주하면서 아이들에게 글을 가르치며 생활하였다.

구연호는 중앙에서 높은 관직에 있다가 낙향한 분이라 일본 헌병이나 경찰의 사찰 대상이 되었고 갖은 수모와 추궁에 시달리기도 하였지만 의연하게 대처하여 마을의 큰 어른으로 존재하였다. 지수 승산마을

진주 지수면 승산리에 있는 구인회 생가. 〈매일경제〉

사람들은 구인회 조부의 중앙 관직 이름을 차용하여 구인회 집을 '구교리 댁'이라는 별칭도 붙여 주었다.

만회는 장손인 구인회에게는 사랑과 인자함을 넉넉하게 주었지만 교육에는 엄격하였고 소홀함이 없었다. 서당 학동 구인회도 배움을 게을리하지 않아 13세 때는 창강정사에서 가장 난이도 높은 논어, 맹자, 대학, 중용, 시경, 서경, 역경의 사서삼경과 춘추, 예기 등을 학습하였다. 구인회가 15세가 되던 1921년 5월 9일 일제강점기 교육령 1면 1학교 설립 방침에 따라 지수면에도 비로소 신식학교인 지수공립보통학교가 설립되었다.

구연호의 호 만회(晩悔) 의미는 '늦게 후회한다'이다. 대한제국 말 암울한 역사와 쇠퇴하는 국운을 보면서 임금을 잘 모시지 못하고 낙향하여 고향에서 은둔생활 하는 것에 대한 회한이 깃들어 있는 의미이다.

2) 보통학교 입학 자격

양정재에서 공부하던 구씨 집안 아이들과 연정에서 공부하던 허씨 집안 아이들은 신식학교에서 공부를 하고 싶었지만 여건은 그렇게 좋

구인회가 태어난 지수면 마을 풍경. <경남신문>

지 않았다.

구인회가 신식학교에서 공부를 하기 위해서는 유학자이신 조부 만회의 승낙이 있어야 하였다. 하지만 조부는 구인회가 장손으로 집안 가풍을 승계해 주기를 은근히 바라는 마음이었다. 농사일이 사람에 의지하기에 하루 종일 학교에 가서 공부하는 것을 인정하지 않았다. 또 한 가지 어려운 문제가 있었는데 이 시기에 신식학교에 다니기 위해서는 머리를 짧게 잘라야만 했다.

당시 장가를 가지 않은 아이들은 댕기머리를 하고 다녔다. 나이 어린 남자가 결혼을 하게 되면 누런 빛깔의 가는 대를 엮어서 만든 초립을 쓰고 다녔다. 부모가 물려준 신체의 일부인 머리를 짧게 자른다는 것이 쉽게 허용되지 않는 시기였다.

하지만 전국적으로 퍼져 나가는 신문화의 물결을 이곳 승산리에서도 막을 수는 없었다. 어느 날, 서당 아이들 몇몇이 모여서 머리를 깎고 집에 돌아갔다. 약속이라도 한 듯 부모로부터 꾸중 듣는 소리가 온 동네에 울려 퍼졌다. 얼마 지나지 않아 구인회 아버지가 머리를 짧게 자르고 나타났다. 그리고 아버지(구인회 조부) 앞에서 용서를 빌었다. 구인회 아버지가 아들이 신식학교에 가서 공부를 할 수 있도록 할아버지의 허락을 받아낸 것이다.

구인회가 한학 공부를 한 양정재. <이래호>

3) 구인회 집안의 가훈

구인회는 위로 조부 만회공과 아버지 춘강공을 모시고 아래로는 결혼하지 않은 동생을 비롯, 아들 구자경까지 4대가 함께 승산리 가옥에서 지냈다. 구인회 아버지 구재서도 전통적인 유교 가풍의 인물이었다. 조상에 대한 존중과 친족 간, 형제간의 화목 등 유교의 전통과 규범을 준수하면서 집안의 중심을 잘 잡아 꾸려 나갔다. 그러나 1920년대 밀려오는 신문명을 인정하고 이를 받아들이기 위해 스스로 머리를 깎고 변화를 받아들인 합리적이고 실용적인 분이셨다. 구인회 아버지 구재서가 자녀들에게 당부한 하지 말아야 할 것 세 가지 즉, '3불 훈시'는 오늘날 우리 사회의 현실을 그대로 반영한 것 같다.

구인회가 한학 공부를 한 창강정. 〈이래호〉

첫째, 남의 보증을 서지 마라.

둘째, 주색잡기를 하지 마라.

셋째, 민사재판으로 소송하지 마라.

다음은 구인회의 할아버지 만회가 구인회 아버지에게 써 준 것으로, '만회유고'편에 전해져 오는 구씨 집안 가훈이다.

제가(齊家)

· 선비는 세상살이를 할 때 도와 덕을 좋아하고 분수를 지켜야 한다.
· 부모님에게 효도를 다하여 봉양하고 나라를 위해서는 충성을 다하여라.
· 공경함으로 자신을 다스리며 검소함으로 가정을 다스려라.
· 사회생활을 하면서 잘못된 것을 보면 뜨거운 물 피하듯이 하라.

수신(修身)

· 어두운 세상을 만나면 자취를 거두고 빛을 삼가라.
· 두려워해서 자신을 조신함이 깊은 못을 만나듯 엷은 얼음을 밟듯 하라.
· 작은 분노를 참지 못하면 서로가 돌아서니 반드시 작은 분은 참고 견뎌내야 한다.

숭조돈종(崇祖敦宗)

· 조상에게 제사 지내는 날에는 조상이 너그럽게 나를 대하도록 정성을 다하고 공경하라.
· 자식들이 착하지 못하면 조상을 잊어버릴 것이니, 조상의 가르침을 잘 이어 받아 변하지 않도록 하라.
· 형제간과 친족 간에는 공손하고 서로 존경하여야 한다, 서로가 옳고 그름을 따지지 않도록 하여라.

현대사회에 꼭 필요한, 올바른 방향을 지도하는 가훈이다. 100년이 지난 오늘날 LG가 추구하는 인화, 근본, 우애와 화목은 이런 가르침의 영향으로 형성되지 않았나 하는 생각이 든다. 위에 소개한 가훈은 승산리 구인회 생가 내 모춘당 주련에 새겨져 있다.

구인회 생가에 있는 모춘당과 주련.

4_ 구인회와 지수공립보통학교 (지수초등학교)

많은 형제가 있고 자녀가 있다. 성격도 다 다르다.

형제간, 자녀간, 우애와 화목이 없이 기업을 운영하는 것은

실패를 보고 가는 것이다.

형제간의 우애와 인화는 더욱 더 필요하다.

1920년대는 조혼(早婚) 풍습의 관례가 있었다. 장손인 구인회는 14세 때 결혼하였다. 신부는 이웃 허씨 집안 딸로, 일찍부터 서로가 얼굴을 잘 알고 있었다. 전통적인 양반마을의 관례대로 양가 어른들이 미리 정한 혼인이었다. 구인회는 신부보다 나이도 두 살 아래라 늘 말도 조심하였고 부인의 의견을 존중하였다. 구인회는 장가를 가면 가마도 타고 처가에 가는 장엄한 행차도 하는데, 담장 너머가 신부 집이라 이러한 추억을 가지지 못하여 아쉬움이 있다고 하였다.

지금의 구인회 생가와 결혼 당시의 생가 구조는 조금 차이가 있다. 당시 구인회 부부와 자녀는 안채를 사용하였고 중간채에는 아버지가, 사랑채에는 할아버지가 생활을 하셨다. 그리고 입구 서고에는 문집을 두거나 손님이 오면 접견하는 장소로 사용하기도 하였다.

1) 지수공립보통학교 2학년 입학

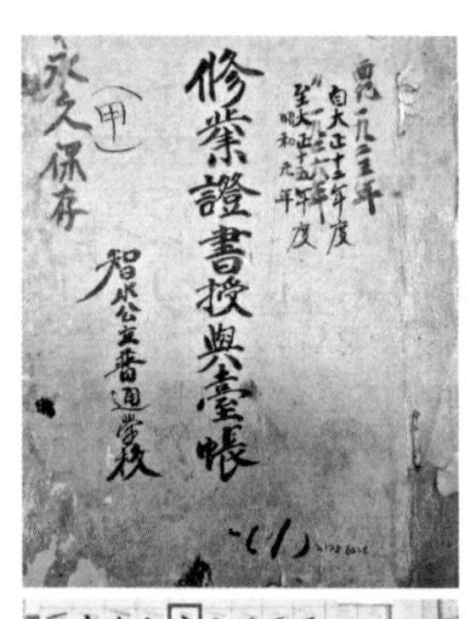
永久保存
(甲)
修業證書授與臺帳
智水公立普通學校

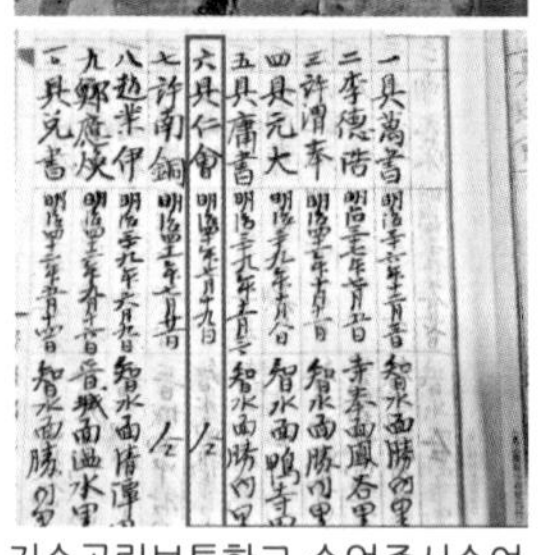

지수공립보통학교 수업증서수여대장. 구인회 이름이 적혀있다. 〈지수초등학교〉

새신랑 구인회가 15세가 되던 1921년, 지수공립보통학교(현 지수초등학교)가 4년제(1925년부터 6년제)로 개교하였다. 서당에서 한학을 공부한 아이들의 학습 능력을 고려하여 1학년은 80명, 2학년은 구인회를 포함 56명으로 출발하였다. 개교 당시 3, 4학년 과정의 학생은 없었다.

15세는 요즘 중학교 2학년의 나이지만 그 시절에는 흔한 일이었다. 조홍제도 17세에 서울에서 지금의 초등학교 1, 2, 3학년 과정을 공부하였다.

1921년 개교한 지수공립보통학교 당시의 학생부 관련 자료는 6·25 전쟁 때 전부 분실되었다. 그 후 기록한 것으로 '지수공립보통학교 수업증서수여대장'이 보존되어 있다. 이름과 생년월일, 집 주소 등 아주 간단하게 한자로 기록되어 있다. 기록된 내용으로 보아 졸업생 명단으로 추측된다. 이 자료에는 이병철과 조홍제의 이름은 없고 구인회만 기록되어 있다.

수여대장의 기록을 살펴보면 "具仁會(구인회), 明治(명치) 40年 7月 19日, 智水面勝內里(지수면승내리)"이다.

1921년은 일제강점기이다. 생년월일의 명치 표현은 일본 천황 연호이다. 명치 40년은 구인회가 태어난 1907년이다. 7월 19일은 구인회의 음력 생일이다.

1895년 3차 갑오개혁 때 '양력'을 사용하도록 하였고, 일제강점기 때도 양력 사용을 강요하였지만 서민들의 오랜 관습으로 양력은 호응을 받지 못하고 '음력' 날짜 기록을 많이 사용하였다.

신식학교는 서당에 다니다가 입학한 10대 아이들에게는 그야말로 신세계였다. 한글을 배우고, 숫자의 덧셈과 뺄셈, 나누기와 곱하기는 물론 그림도 그리고, 노래도 불렀다. 체육 시간에는 테니스와 축구 등의 운동도 가르쳤다. 특히 축구를 좋아한 구인회는 지수 마을 동네 축구팀을 만들어 이웃 마을과 주기적인 동네 대항 축구 시합도 많이 하였다. 이웃 동네 조홍제가 포함된 군북면 동네 축구팀과도 자주 시합을 하였다. 이때가 1923년으로 구인회는 축구를 통해 조홍제를 알게 되었다고 회고하였다.

2) 구인회·이병철·조홍제와 지수초등학교

해가 바뀌어 1922년 구인회가 3학년으로 진급하였다. 이때 의령군 정곡면에서 한학을 공부하던 13세의 이병철이 지수초등학교 3학년에 입학을 하였다.

정곡에 초등학교가 없어 지수면으로 시집을 간 누님집에 생활하면서 학교에 다녔다. 이병철은 6개월, 즉 3학년 1학기만 지수초등학교에 다니고 2학기 때 서울로 전학을 갔기 때문에 졸업은 하지 않았다. 구인회와 이병철이 함께 같은 반에서 공부한 지수초등학교의 추억은 6개월뿐이다.

지수 누님댁에서 이병철은 당시 다섯살인 어린 조카 허병기와 같이 지냈다. 매형이 지수 부자로 살림이 넉넉하여 어려운 생활은 없었다. 구인회는 결혼을 하였고 본가에서 생활하였다. 구인회 부부가 가끔 이

윗집에 사는 이병철을 불러 국수를 삶아 나누어 먹기도 하였다. 이병철은 깔끔한 육수의 국수를, 구인회는 여러 가지 고명이 많이 들어간 장국 같은 국수를 즐겨 먹었다고 한다.

1921년 지수초등학교 2학년 입학생은 모두 56명이었지만 1924년 3월 20일(당시 5년제) 구인회를 비롯하여 모두 52명의 1회 졸업생을 배출하였다. 구인회, 이병철, 조홍제 세 사람의 지수초등학교 1회 졸업과 관련하여 여러 가지 이견이 있다. 현재 유일하게 남아있는 지수초등학교 기록물인 '수업증서수여대장'에는 구인회 이름은 있지만 이병철, 조홍제의 이름은 찾을 수가 없다.

조홍제의 경우 1983년 1월 20일 본인이 생존 시 공식으로 공개한 개인 연보 자료에도 지수초등학교와 관련된 기록이 없다. 오래전 중앙일간지 특별 취재팀이 '수십 년만의 진실'이라는 제목으로 삼성, LG, 효성 창업주 세 사람이 1회 졸업생으로 배출했다고 해서 화제가 됐던 지수초등학교 취재를 하였다. 그 결과 조홍제는 지수초등학교에 다니지 않은 것으로 보도되었다(효성. 5회. 조홍제와 초등학교).

효성그룹 관계자도 언제부터인가 신문기사에 효성 창업주가 LG, 삼

1921년 5월 9일 개교 당시의 지수공립보통학교 전경. <지수면지>

성 창업주와 지수초등학교 1회 동기동창으로 소개되자 신문사에 기사 수정을 요구하였다. 하지만 인터넷이 활성화되면서 한 번 보도된 기사는 사실 관계를 확인도 하지 않고 후임기자가 그대로 인용한 내용이 많아 지금은 포기한 상태라고 한다.

현재 생존하고 계신 허옥구 어르신은 지수초등학교 13회 졸업생이다. 구인회가 부산에서 사업을 시작할 때 자금을 투자한 허만정의 셋째 아들 허준구와 함께 공부한 분이다. 허권수 교수님이 소개를 해주어 2021년 5월 25일 부산의 일식집에 초대하여 여러 가지 말씀하신 내용을 기록할 수 있었다.

10여개 질문 내용을 준비하였는데 그중 하나가 조홍제의 지수초등학교와 관련된 질문이었다. 15년 정도의 나이 차이가 있어 실제 함께 학교에 다니지 않아 정확히는 알 수 없다. 그러나 소문에는 조홍제가 지수초등학교에 다녔다는 이야기를 들었는데 실제로 조홍제와 지수초등학교에서 함께 공부한 사람은 오늘까지 한 명도 만나본 적이 없다고 하셨다. 1960~80년대 가끔 서울과 부산에서 기반을 잡은 지수초등학교 동창생이 모임을 하였지만 지수초등학교 동창생에 조홍제 이름이 거론된 적은 없다고 기억을 하셨다.

기록이나 근거가 없는 구전 내용도 세월이 흘러 고착화되면 훗날 증빙 자료가 발견되어도 사실을 바로 잡는 것은 간단하지 않다. 우리의 일상에 기록이 있음에도 불구하고 본인의 의도와 다르게 알려진 사례도 있다.

'슬픔이 기쁨에게', '외로우니까 사람이다', '슬픔이 택배로 왔다' 등은 한국의 대표 작가 정호승 시인의 작품이다. 시인은 인터넷에 원문과 다른 내용으로 시가 옮겨지거나 다른 사람의 작품에 본인의 이름이 붙여진 시를 보고 안타까워 한 적이 있다고 하였다. 인터넷 포털 사이트에 연락하여 게시물 중단이나 수정을 요청하여도 달라지는 게 없고 무시 당한 적도 있다 하였다.

생존하고 계신 분의 작품도 이렇게 잘 못 알려지고 있는데 100년전에 있었던 사실관계는 어떠한 방법으로 증명하는 것이 가장 인정을 받을 수 있는지 고민해 볼 과제이다.

3) K-기업가정신센터가 된 구 지수초등학교

구 지수초등학교 본관과 강당은 리모델링되어 2022년 3월 K-기업가정신센터로 개장을 하였다. 본관 건물인 교사동의 1층에는 대한민국 기업 역사 기록관이 있다. 또 다른 한 곳에는 지수초등학교의 연혁과 역사 이야기, 구인회 가족과 허만정 가족의 기업 관련 자료를 소개하고 있다. 2층에는 전용 교육장과 사무실로 구성되어 있다.

구자경이 기증하여 건립된 상남 강당은 상남 도서관으로 재탄생되어 기업전문 도서관이 되었다. 진주시청의 직원과 마을 해설사들이 상주하여 방문객의 편리를 돕고 있다. 개장된 지 1년도 되지 않았지만 기업체 회장, 사장, 대학 총장, 세계 각국의 대사, 장관급 직책의 고위급 인사를 비롯 창업 준비 대학생, 일반인, 관광객, 여성 경영인, 일반 방문객 등 수만 명 이상이 다녀간 것으로 알려졌다.

4) 구인회와 조홍제의 축구 사랑

조홍제와 구인회는 유달리 축구를 좋아하였다. 오늘날 조기축구회나 축구동호회 모임을 운영한 것이다. 인접 함안이나 진주까지 원정을 가서 면 대항(동네) 축구를 많이 하였는데 특히 조홍제의 군북팀은 구인회의 지수팀과 자주 만나 시합을 하였다. 군북에서 할 때는 함안 정곡 백사장 주변 초원과 군북초등학교 운동장이 축구장이었고, 지수에서 할 때는 옛 지수장터 빈터와 지수초등학교 운동장이 지수의 축구장이었다.

구인회의 지수팀은 응원가와 구인회의 처제가 만든 흰 천에 노란색으로 우(優) 한자어로 수를 놓은 기(旗)도 기록으로 전해지고 있다. 또 다른 기록에는 축구팀의 기가 노란 바탕의 모본단천에 남색 레이스가 있고 붉은 실로 우(優) 한자를 수로 놓았다고 한다.

동네 대항 축구를 할 때면 동네 주민들도 응원단을 꾸리고 쌀, 고기, 생선, 고구마, 감자, 과일 등 먹을 것과 꽹과리, 북 등을 준비하여 응원을 하였다. 동네 대항 축구 시합 하나가 마치 동네 축제처럼 흥겨운 시절이었다. 취재 중 만난 90세 어르신은 조홍제와 함께 하였던 아버지의 희미한 기억을 더듬어 말씀해 주었다.

동네 대항 축구 시합을 하면 "보통의 키에 다부진 체격의 조홍제는 공격수로 상대 골문 앞까지 뛰어가고 또 상대가 역습을 하면 골문 앞까지 수비를 하러 내려오는, 쉴 틈 없이 뛰어다니는 역할을 했고, 구인회는 상대팀 골대 앞으로 정확하게 패스를 해주어 친구들이 골을 넣도록 기회를 만드는 역할이었다"고 회고했다.

축구 시합이 끝나면 집에서 가져온 음식 재료로 요리를 하여 뒤풀이를 한다. 고기도 굽고, 술도 한 잔 한다. 선수들은 물론 구경하러 온 동네 주민들도 함께 어울려 음식을 나누어 먹었다. 땔감으로 준비한 장작을 손으로 쪼개는 객기도 부릴 나이였고, 먹는 양도 어마어마하였다. 진주 지수팀은 구인회가, 함안 군북팀은 조홍제가 비용을 대부분 부담하였다. 구인회와 조홍제의 깊은 인연은 이렇게 유년 시절

1923년부터 시작되었다.

5) 구인회가 이끈 지수 축구팀 응원가

구호

엄파이어 비긴(Umpire Begin)

손들어 부를 때

퉁하고 반공중(半空中)에

높이 솟아 비상천(飛上天)

승산마을 응원가

화려한 방어산의 그림자

웅장한 승산에서 길러 난 우리

장개(壯慨)한 염창강 호호(浩浩) 한 물결

용감한 기상을 배웠다

저 괘방(掛榜) 높은 곳에 떠오르는 해

천심의 중축(中軸)에서 빙빙 떠돈다

그 바다 우리 무장 속에

갖은 용기를 길렀다

5 _ 서울 유학과 중퇴, 그리고 고향에서

어른을 모시는 효심과 형제, 친인척을 사랑하는 마음이 지극하여야 한다.
불평을 표현하는 것을 삼가라.

1924년 3월, 지수보통학교를 졸업한 구인회는 더 넓은 세상에서 견문도 넓히고 더 많은 것을 배워야겠다는 결심을 하였다. 하지만 장손이자 결혼을 하여 집안을 책임지고 돌보아야 하는 점, 그리고 만만하지 않은 서울 유학 경비 등으로 깊은 고민을 하지 않을 수 없었다.

그런데 비교적 일찍 신식 문화를 받아들인 처가에서 사위 구인회에게 학비를 보내줄 테니 서울에서 더 공부를 하라고 권유하였다.

1) 구인회와 서울 중앙고등보통학교

1924년, 구인회는 지금의 중·고 과정인 5년제 서울 중앙고등보통학교에 입학을 하였다. 함안군 군북면 출신 조홍제와 입학 동기이다. 그는 재학 중 경상도 사투리를 쓰자 친구들로부터 놀림을 받는 등 언어장벽과 문화 차이로 인한 위화감까지 겹쳐 서울 유학 생활이 쉽지 않았다고 회고하였다. 이병철도 서울 수송공립보통학교에 전학 후 경상도 사투리를 쓰자 '장골라'라는 별명을 얻었다 하였다.

고향에서 천리길이나 떨어진 서울에서의 생활은 부모님과 부인에 대한 생각, 큰딸 양세, 큰아들 자경 그리고 동생 철회, 정회, 태회 등에 대한 장남의 역할을 하지 못하는 상황으로 인해 여러 가지 복잡한 심정이 끊이지 않았다. 이러한 내외적 어려움에도 불구하고 구인회는 학업에 열중하였고 동서고금의 서적을 탐독하거나 여러 가지 신식운동으로 학교생활을 잘 견뎌 나갔다.

1926년 봄, 3학년이 된 구인회에게 작은 갈등이 생겼다. 서울에서 공부를 하도록 처가에서 도와주었던 학비 문제, 두 남매의 아버지가 된 가장, 어린 동생의 출생 등으로 구인회가 마음 편하게 공부하기에는 여건이 좋지 않았다. 게다가 조부께서도 구인회가 고향을 내려올 것을 당부하였다. 중앙고등보통학교 5년의 학제를 다 마치기에는 3년이나 더 다녀야 하기에 구인회는 학비 조달 문제와 장손으로서의 책임 때문에 중퇴를 결심하게 된다.

2) 대가족 집안의 가족, 나이 어린 삼촌

구인회 밑으로 구철회, 구정회 외에 결혼 후에는 1922년에 장녀 구양세가, 1923년에는 셋째 동생 구태회, 1925년에는 장남 구자경이 태어났다. 1926년에는 넷째 동생 구평회가 태어났다. 아들 구자경이가 작은 아버지 구평회보다 나이가 많았다. 이어 1928년에는 둘째 아들 구자승과 다섯째 동생 구두회가 한 달 사이로 태어났다.

약 10여년에 구인회 집안은 동생과 자녀들로 대가족을 이루었다. 숙부의 옷을 조카에게, 조카의 옷을 나이 어린 숙부에게 내림으로 입혔다. 한 이불 아래서 숙부와 조카가 발 싸움을 하며 이불을 차지하거나, 한 그릇에 음식을 담아 여럿이 식사를 하면서 성장하였다. 고기반찬이 상위에 올라오면 어린 나이의 숙부와 나이 많은 조카가 서로 먹으려고 밀치고 다투기도 하였지만 가족 간의 우애는 늘 다정하였다.

3) 고향에서 협동조합 설립과 운영

1926년, 서울 중앙고등보통학교를 중퇴하고 고향으로 돌아온 청년 구인회는 고향에서 무엇을 할 것인가 고민하였다. 먼저 청소년 시절 지수에서 '장근회' 활동을 하면서 쌓은 경험을 살려 보기로 한다. 마을 사람들이 힘을 합해 공동으로 일을 추진하면 잘 될 것이라 생각하고 주민들을 모아 '지수마을협동조합'을 구성하고 잡화상을 운영할 계획을 세웠다. 구인회의 협동조합 운영은 일본인이 경영하는 무라카미(村上) 잡화점에 대한 반감도 있었다.

지수초등학교가 설립되기 전부터 지수면 승산리에는 무라카미가 성

구인회의 고향 지수면 2022년의 풍경. <더페이퍼>

구인회가 고향으로 돌아와 지수면에 세운 마을협동조합이 있었던 곳(현 지수면사무소 맞은편). <이래호>

냥, 양초 등을 판매하는 잡화점 가게를 독점으로 운영하였다. 지수보통학교가 개교하자 문구와 생필품 외 석유까지 판매하는 종합 잡화상으로서 독점적 위치를 활용, 물건 값을 갈수록 비싸게 판매하였다. 승산리 주민들은 이곳 가게 외에 물건을 구입할 곳이 없어 비싸도 구입해야 하는 처지였다.

'마을협동조합'은 물건 값도 값싸게 하고, 또 이익이 생기면 조합원들이 이익 분배도 할 수 있으니 마을 주민에게는 더 없이 좋은 사업이었다. 구인회의 사업 취지에 공감한 마을 청년들과 주민의 지지로 1926년 3월 승산리 마을협동조합을 결성하고 구인회를 대표자로 선출하였다.

중외일보는 1928년 4월 26일 구인회가 회원으로 있는 '지수면 승산장려회' 정기 총회 내용을 보도하였다. 신문 내용으로 보면 마을협동조합의 정식 이름은 '승산장려회'로 추정된다.

구인회는 진주와 마산을 오가면서 광목, 비단, 석유, 일용잡화 등을 구입하여 판매하였다. 일본인이 운영하는 가게보다 값도 싸고 품목도 다양해지자 마을 주민들의 이용도 늘어나면서 협동조합은 점점 번창하였다. 구인회는 약 3년간 협동조합을 운영하면서 물건 고르는 법, 도소매 유통과정 등 장사하는 안목도 가지게 되었다.

2021년 8월 5일 허권수 교수께서 지수면지 발행인이자 조홍제 효성그룹 창업주 큰 사위의 친동생인 허정한, 김성기, 김창효 등 세 분을 소개해 주어 함께 식사를 하였다. 그리고 지수 댁까지 직접 모셔드리면서 지수와 관련하여 궁금한 질문을 하였다. 형님의 장인이신 조홍제 회장의 지수보통학교 졸업 사실 관계 질문도 하였다. "그건 아니다, 잘못 소문이 났다"라고 허정한 어르신께서 단호하게 말하였다.

지수면 상권을 독점한 일본인 무라카미의 잡화점이 있었던 곳(현 부자마을 안내소 건너). 〈이래호〉

그리고 구인회가 활동한 협동조합 터의 위치를 안내해 주었다. 또한 마을 카페 앞으로 안내를 하면서 이곳이 일본인 무라카미 잡화점 가게 터라고 알려주셨다.

필자는 이 증언을 토대로 기록을 찾아보았지만 현재까지 찾지 못하였다. 지수면 지를 발행한 지식인의 증언을 인정하기로 하고 마을협동조합 터와 무라카미 잡화점 터를 언론에 공개하였다. 이 기사를 보고 마을협동조합 터는 지수면에 거주하는 몇몇 분이 선대로부터 들었다는 보충 증언을 해주었다. 비록 문서로 증명은 할 수 없지만 육성증언을 기록으로 정리하였다.

4) 조선 사람 조선 것으로, 물산장려운동

구인회가 고향에서 활동하던 시기에는 일본 기업과 일본 상인이 조선에 진출하면서 우리 산업과 상인들은 많은 어려움을 겪었다. 이때, 우리 물산을 사용하여 민족 산업을 보호하고 경제적 자립을 이루자는 '물산장려운동'이 전개되었다.

'조선물산장려회' 등의 단체는 '내 살림 내 것으로', '조선 사람 조선 것으로'라는 구호를 만들고 일본 상품 배격, 우리 상품 이용을 독려하였다.

군산에서 경성고무공업사를 운영하던 이만수 사장이 짚신을 모델로 하여 생산한 '만월표 검정고무신'은 당시 서민들의 나들이에 혁명이라 할 정도로 일상생활에 변화를 준 대표적인 우리 상품이었다.

5) 동아일보 진주지국 승산분국장

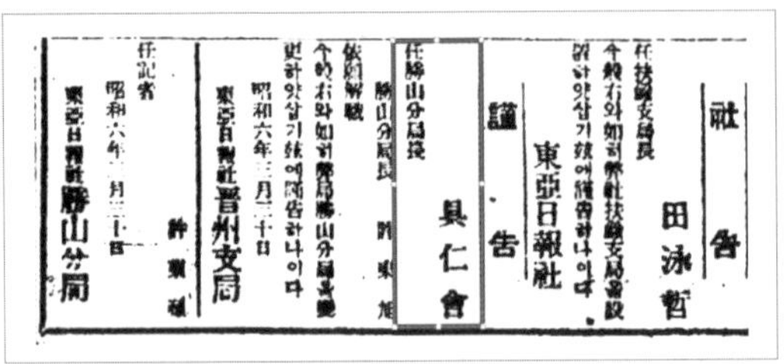

社告

任扶餘支局長 田泳哲

今般右와如히弊社扶餘支局長을被命하얏삽기玆에謹告하나이다

東亞日報社

謹告

任勝山分局長 具仁會

依願解職 勝山分局長 許東[illegible]

今般右와如히弊社勝山分局長을更迭하얏삽기玆에謹告하나이다

昭和六年三月二十日

東亞日報社晉州支局

任記者 許東[illegible]

昭和六年三月二十日

東亞日報社勝山分局

구인회의 동아일보 승산분국장 임명. <동아일보 1931년 3월 30일>

동아일보는 인촌 김성수에 의해 1920년 4월 1일 창간되었다. 구인회는 1931년 3월 31일부터 10월 15일까지 약 7개월간 동아일보 진주지국 승산분국장으로 활동하였다. 인터넷이나 이미 출판된 여러 도서에는 구인회가 승산분국장으로 근무한 기간이 1927년으로 되어있다. 1931년에 승산분국장을 한 근거는 1931년 3월 30일 동아일보 의원 사령으로 고지된 신문 보도로 확인되었다.

진주에서 포목점 운영을 시작한 시기는 1931년 7월로 승산분국장 업무와 3개월 정도 중복된다. 이것은 협동조합 일과 승산분국장 일을 하면서 진주에서 포목점 사업을 준비하였고, 포목점이 영업을 개시한 이후에 후임자가 결정되자 승산분국장 업무가 종료된 것으로 볼 수 있다.

협동조합 터와 무라카미 잡화점 터 위치. <이래호>

당시 지수면의 지리적, 공

간적 환경으로 볼 때 국내외 정세를 가장 빠르고 폭넓게 접할 수 있는 것은 신문이었다. 한글을 깨친 사람들에게 세상을 접할 수 있는 유일한 소식지였다. 매일 접하는 동아일보를 통해 나라의 일과 멀리 외국에서 발생하는 일도 알게 된 구인회의 가슴속에는 더 넓은 세상에서 큰 일을 해야 한다는 야망이 꿈틀거렸다. 이때부터 '지수 탈출'이라는 갈등의 씨앗이 자라나기 시작하였다.

6) 결심, 장사를 하자 큰 도시로 나가자

동네 청년들도 작은 지수면을 뒤로하고 큰 도시로 일자리를 찾아 떠나갔다. 구인회 역시 마을협동조합을 경영하면서 물건을 사기 위해 부산, 마산, 진주 등 대도시에 규모가 큰 도매상과 거래를 하면서 보고 배운 것도 많았다.

조부는 경향 각지에서 지인이나 제자가 방문하거나 친척들이 찾아오면 융숭한 대접을 하였기에 집안은 수입에 비해 지출이 많았다. 장손의 입장에서 가정에 대한 책임감도 있었지만 구인회 스스로가 승산리에서 협동조합 운영이나 신문사 지국 운영에만 청춘의 열기와 기개를 쏟기에는 아쉬움이 컸다.

무엇을 어떻게 하면 장손으로서 역할도 하고, 집안 가족들을 위할 수 있을까? 동생과 자녀들이 성장하면 어떻게 도와주어야 할까? 이런 고민은 구인회의 마음속에서 떠나지 않고 있었다.

4남매의 아버지이자 여섯 형제의 장남으로 가정을 꾸려나가기 위해서는 경제력이 필요하였다. "지수는 좁고 작다. 내가 할 수 있는 일은 돈을 벌어야 한다. 농사로는 도저히 안 된다." 구인회는 마침내 결심을 하였다. "장사를 하자 큰 도시로 나가자."

6_ 진주에서 포목장사 하겠습니다

남이 하지 않는 일, 내가 잘할 수 있는 일을 하자.

구인회 집에는 4대가 함께 생활하였다. 위로는 벼슬에서 물러나 고향에 은거하며 경제적 활동보다는 후학이나 지인들에게 늘 베풀기만 하시는 만회 할아버지가 계셨다. 그리고 늘어나는 가족들 때문에 재산을 더 늘리지 못하고 조금씩 전답을 처분 해야만 하는 아버지도 계셨다. 아래로 다섯명의 동생과 3남 1녀의 자녀들이 계속 성장하고 있었다. 농사를 비롯 관혼상제, 동생과 자녀들의 학비 마련, 가세 돌봄 등은 장손으로 짊어져야 하는 무거운 짐이었다.

1) 아버님! 장사를 하겠습니다

지수마을협동조합 대표와 신문사 승산분국장 그리고 농사일만으로 가정을 돌보는 것은 경제적으로 매우 힘이 들었다. 1930년에는 승산리에도 전기가 들어오고 하루가 다르게 세상은 변하고 있었다. 서울로 유학 가서 보고 배웠던 것들을 승산리에서 활용하기에는 이곳 마을이 너무 좁고 답답하기만 하였다.

1930년 늦은 가을, 구인회는 먼저 중간채에 계시는 아버지 방문을 두드렸다.

"아버님, 제가 장사를 한 번 해 보겠습니다"하고 말씀을 드렸다.

아버지는 "너는 유서 깊은 선비집안의 장손이다. 그리고 우리 집안은 대대로 내려온 집안 전통이 있는데, 네가 어찌 장사를 한단 말인가?"하며 일언지하에 거절하셨다.

조선후기 까지는 신분제 사회에서 '사농공상'이라 하여 상인은 천시되었다. 구인회가 장사를 시작하려는 1930년대는 신분제도도 사라지고, 상업이 천시되는 시기도 아니었지만 유교 가풍을 중시하는 구인회 아버지는 쉽게 동의할 수 없었다. 아버지의 반대에도 불구하고 구인회는 할아버지가 계시는 사랑채를 찾아갔다.

2) 할아버지! 장사를 하고 싶습니다

"할아버지! 동생들도 챙기고 자녀들도 보살펴야 하는데 농사일 만으로는 현재 어려움이 있습니다. 장손인 제가 진주에 가서 장사를 해 가정을 꾸려 보겠습니다." 하고 말씀을 드렸다. 할아버지는 일언지하 거절하기보다는 손자 구인회에게 "그래 인회야, 무슨 장사를 해보고 싶으냐" 하고 물었다.

"진주에 가서 포목장사를 하려고 합니다."

"밑천은 있느냐?" "없습니다, 할아버지께서 좀 주셨으면 합니다."

"이렇게 두문불출하는 내가 무슨 돈이 있겠느냐. 그리고 서투른 장사를 하다가 집안의 재산이 탕진되면 너의 처자나 가족들은 어찌할 것이냐?"

구인회는 할아버지와 아버지께 장사를 해보겠다고 말씀을 드렸지만 처음에는 완고하게 거절당하였다. 〈일러스트 김문식〉

"할아버지, 저는 절대 망하지 않습니다. 마을조합에서 하는 것을 보지 않았습니까?"

"장사는 의욕만으로 되는 것은 아닌데, 네가 해낼 수 있겠느냐? 다시 한 번 곰곰이 생각해 보거라" 하시고는 더 이상 말씀이 없었다.

며칠이 지나도록 아버지, 할아버지로부터 아무런 답변을 받지 못하였다. 그럼에도 불구하고 구인회는 꼭 장사를 하기로 결심하고 장사 밑천 즉, 종잣돈을 구하기 위해 여러 곳에 지인을 찾아다녔다. 그 소문이 할아버지 귀에도 들어갔다. 이러한 소식을 접한 할아버지와 아버지는 구인회의 고집을 꺾지 못하고 오히려 할아버지가 아버지를 설득하여 구인회가 장사를 하도록 허락하였다.

3) 장사를 하려면 10년은 견뎌라

아버지는 구인회를 불러 "네가 장사를 하는 것에 할아버지도 허락하셨고, 나도 결국 허락을 하지 않을 수 없구나. 그러나 진주에 가서 장사를 할 때 꼭 이 말만은 잊지 말거라. 나는 장손인 너를 믿기에 네가 장사하는 것에 허락한다. 장사를 하려면 적어도 10년은 견뎌 나가야 성공 할 수 있다. 중간에 그만두지 말아라.

그리고 "인회야. 특히 진주 사회는 기생문화도 발달된 곳이라 사회 환경이 복잡하니 주변 관리를 잘 하거라. 좋지 않은 소문이 나면 당장 너를 다시 집안으로 불러올 것이다. 그리고 내일 진주에 장사를 하러 가는 것을 아무에게도 말하지 말고 조용히 떠나거라, 구씨 집안에서 장사꾼이 나왔다는 것은 부끄러운 일이다." 그리고 아버지는 구인회에게 장사 밑천 2,000원(당시 쌀 1가마 4원50전)을 내놓았다.

4) 진주에서 구인회상점을 열다

구인회는 당시 진주에서 가장 큰 중앙시장을 다니면서 장사할 점포를 찾아다녔다. 주머니 속에 무일푼으로 와서 보았던 진주와 2천원의 자본금을 가지고 다니면서 본 진주는 완전히 달랐다.

의욕은 불타올랐고 온종일 진주를 다녀도 다리가 아프지 않았다. 구인회보다 앞서 고향 지수사람이 장사를 하기 위해 진주로 나와 금은방을 차렸다가 기생한테 홀라당 바치고 말았다는 것도 알고 있었다.

구인회도 그런 사람을 만날까 조심하면서 가게 할 곳을 찾아다녔다. 하지만 2천원으로 진주에서 포목점을 차리기에는 턱없이 부족했다. 여러 가지 궁리 끝에 지금의 중앙시장에서 공화상회를 운영하는 첫째 동생 구철회를 찾아갔다. 포목점을 함께 하자는 제의를 하자 철회는 형님과 함께 장사를 하기 위해 1천8백원의 돈을 보탰다. 구철회는 구인회의 손아래 동생이었으나 큰집으로 양자를 갔었고 1931년 5월, 형 구인회보다 앞서 진주에서 '공화상회'라는 잡화가게를 운영하고 있었다.

1931년 7월부터 1932년 12월까지 장사를 한 식산은행 건너편(지금의 진주 중앙로터리 동남쪽,

1930년대 진주 시가지 풍경. 남강다리에서 이어지는 종로거리와 진주장 터. 멀리 촉석루가 보인다. <경상국립대학교 박물관>

구 국보극장 근접, 식산은행의 위치에 따라 유동적임. 대정 8년(서기 1919년) 기록에는 진주 식산은행의 위치가 진주군 진주면 동성동 29번지로 나옴)에 자본금 3천8백원으로 '구인회상점' 간판을 걸었다. 1931년 26세의 구인회가 자기 이름을 걸고 생애 첫 사업을 진주에서 시작한 것이다.

5) 포목점을 선택한 이유

구인회가 장사를 시작하면서 취급 품목을 포목으로 한 몇가지 이유가 있다. 지수마을협동조합 운영 시 광목과 비단 등 포목 관련 경험이 있었다. 그리고 포목은 이윤이 좋아 장사가 잘되면 수익이 매우 높았기 때문이다. 판매 장소를 진주로 결정한 이유는 진주는 1925년까지 도청 소재지가 있었던 서부경남 제일의 대도시이자 소비도시였다.

'북 평양 남 진주'라는 표현처럼 기생 문화와 함께 검무 등 예술이 발달하여 포목 수요가 풍부한 곳이었다. 1923년 마산에서 진주까지 철도가 개통되어 교통도 편리하였다. 지수면의 생활 반경이 진주 시내와 근접한 곳이라 지수 출신의 지인도 진주에 많았기 때문이다.

6) 진주 개천예술제, 남강 유등축제

대한민국 대표 축제인 남강 유등축제. 〈진주시청〉

진주는 조선시대 북 평양 남 진주라 할 정도로 기생이 많은 풍류도시, 예술도시이다. 우리나라 전통 궁중 춤과 예술이 함께 성장한 영남 지역의 문화, 예술 중심 도시이자 멋을 아는 유행의 도시였다.

오늘날 진주가 풍류도시, 문화도시, 예술도시로 인정받는 배경에는 1949년 대한민국 예술제의 시초인 개천예술제가 개최되면서 부터이다.

개천예술제는 대한민국 문화예술상을 수상한 동기 이경순 시인과 경남일보 사장과 주필을 지낸 파성 설창수 시인, 현대 한국화의 대가 내고 박생광 화가 등 8인의 발기인에서 시작되었다. 개천예술제는 현재 국내 최대, 최고의 예술제로 인정받고 있다. 오늘날 진주를 대표하는 세계적인 축제가 된 남강 유등축제도 개천예술제 유등놀이에서 2002년 10월 진주 남강 유등축제로 독립되었다.

1985년 개최된 제35회 개천예술제와 필자는 몇가지 인연이 있다. 필자는 개천예술제 발기인 중 한 분인 동기 이경순 시인의 조카이다. 군 제대를 한 후 복학을 앞두고 있던 초가을에 개천예술제 관계자로부터 아르바이트 제안을 받았다.

첫 번째 일이 예술제 행사를 알리는 포스터를 진주시내 대로변 및 중심 상가에 부착하는 것이었다. 상가마다 찾아가서 동의를 구하고 유리 진열장 앞에 포스터를 부착하였는데 상가 주인 대부분이 개천예술제 포스터 부착에는 흔쾌히 동의하였고, 또 고생한다고 음료도 건네주었다. 당시 진주 시민 대부분은 진주 개천예술제에 대해 자긍심이 대단한 것을 느꼈다.

두 번째는 예술제 행사 기간 중에 파성 설창수 대회장(제사장)을 모시고 행사장을 다니는 것이었다. 대회장은 "우리 이군(李君), 참 싹싹하다"하시며 칭찬을 해주셨던 게 38년이 지났다. 파성은 엽서에 신년 축하 글이나 필자의 결혼식에 휘호를 보내주셨는데 파성의 붓 글씨체는 읽기도 어렵고 해독도 쉽지 않아 뜻도 모르면서 아직도 보관하고 있다. 혹 진주 개천예술제 기념관이나 자료관에 필요하다면 언제든 기증을 한다는 결심에 변함이 없다.

세 번째는 예술제 본부 사무실에서 심부름 일을 하고 있을 때였다. 서울 등 전국에서 많은 예술인들이 예술제 본부 사무실을 방문하였다. 1985년 봄에 돌아가신 동기 이경순 시인 이야기가 나오자 진주 예술인들이 "저기 저 총각(필자)이 동기 선생 조카이다" 하고 소개를 하였다. 구상 시인, 조경희 한국예총회장 등 예술계 저명한 몇 분이 진주 봉곡동에 있는 동기 고택을 찾아가고 싶다 하여 직접 안내를 하였던 기억이 엊그제 같다.

1989년 4월 9일 이명길 박사를 중심으로 박노정 시인과 필자가 간사일을 보면서 추진하여 문백 진주시장, 진주 문인과 예술인들의 도움으로 남강변에 동기 이경순 시비(詩碑)가 세워졌다. 처음 설치된 곳은 남강 북쪽 남강다리 밑 장어 식당거리 공원이었다. 이곳이 진주 대첩광장 조성사업장에 포함되자 2017년 촉석루 맞은편 남강 분수공원에 동기 시비를 옮겨 놓았다.

대한민국 대표 예술제인 개천예술제 시가 행진 모습. <경남100년사>

이명길 박사의 헌신적인 노력으로 동기 시비가 세워지기까지 함께 한 시간, 그리고 박노정 시인과 함께한 시비 건립과 다시 이전 지역을 찾기 위해 진주 시내 곳곳을 다녔던 시간의 기억이 필자의 허락도 없이 지워져 가고 있다. 고인이 된 두 분에게 이 지면을 빌어 감사함을 올린다.

7) 실크도시 진주

진주를 수식하는 명칭에 문화도시, 예술도시, 교육도시보다 더 선명하게 인식되고 있는 것이 실크도시 진주이다. 함양, 산청, 하동, 사천, 진주는 모두 남강의 상하류에 근접하고 있는 도시로 양잠이 발달하여 비단 생산 최적합지였다.

진주면 천전리(현 강남동)에 잠사중학교가 있었다. <경상국립대학교 박물관>

진주와 실크가 연결되는 사실적 내용이 많이 있다.

고려시대 문익점이 원나라에서 종자를 가져와 목면을 시배한 유지가 진주에서 가까운 산청군 단성면 묵곡리이다. 그리고 이곳에서 멀지 않은 마을에서 목면을 이용하여 실크를 짰다. 이것을 실크 산업의 시초로 보고 있다. 1910년대 진주지역 실크 생산량이 전국의 40%를 차지하였다.

제목을 찾지 못한 1912년에 발행된 책자에도 '진주지역의 비단 공장들이 기계가 낙후되어 있다. 비단의 품질이 낮아 일본 비단 직기를 들여와서 생산을 하여야 한다'는 기록을 본 기억이 있다.

중안동 구 도립병원 부지에 1910년 개교한 진주공립실업학교는 1921년 진주공립농업학교(전 국립경남과학기술대학교 전신, 현 경상국립대학교)로 변경, 진주면 천전리(현 강남동)로 이전하였는데 이 터가 잠사중학교 부지였다. 진주에 잠사중학교가 설립될 정도로 실크 관련 일이 성행하였던 것을 알 수 있다.

1924년 진주에 최초로 방직공장인 '동양염직소'도 설립되었다. 이 염직소는 근대식 실크 제직기가 도입되어 대량 생산도 가능하였고 실크에 무늬와 그림을 넣은 다양한 제품을 생산하였다. 지금의 진주 중앙시장 앞 대로변에 있는 우리은행 진주지점 자리가 '동양염직소' 자리이다. 이것 외에 진주가 실크도시라는 것에 방점을 찍는 것이 있다. 한국실크연구원이 진주에 있다.

일제강점기 당시 북양 남면 정책으로 북쪽은 양모를 생산하고 남쪽에서는 면화를 생산하였다. 일제의 병참기지화 정책으로 북쪽은 중공업 등 공업정책을 실시하였고, 남쪽은 경공업이나 1차 산업, 식품, 의료 등 시설관련 산업을 주로 설치함으로써 남북의 경제 차이가 많이 났다.

잠사는 누에에서 뽑아내는 실을 말하며, 농잠은 농사일과 누에치기 하는 일을 뜻한다. 문익점의 손자 이름은 '문래'이다. 실을 뽑는 물레를 '문래'가 만들었다 하여 문래라 불렀던 것이 오늘날 '물레'로 변형되었다. 문익점 손자 문영은 베를 짜는 요체를 얻어 이를 '문영'이라 하였는데 이 발음이 지금 와음화 되어 '무명'으로 되었다.

많은 장사 품목 중에 구인회가 포목점을 한 것은 우연일까? 철저한 시장 조사의 결과 일까? 그 혜안이 궁금하다.

7 _ 장사는 목이 좋아야

작은 분노를 참지 못하면 서로가 돌아서니,

반드시 작은 분은 참고 견뎌내야 한다.

1931년 7월, 진주 식산은행 맞은편 2층에 '구인회상점'이라는 간판이 올라갔다(당시 식산은행 주소는 진주군 진주면 동성동 29이다. 식산은행이 지금의 경남은행 진주 중앙지점 주차장 맞은편 근접지역에 있었다는 자료도 있다. 정확하게 확정은 못함). 장사를 시작한 지 얼마 지나지 않았다. 당시 진주 중앙시장의 포목점은 천종선, 천종환, 천종만의 천씨 3형제가 '천종상회'를 크게 운영하고 있었다. 막내인 '천종만'은 처가가 지수면 승산이라 가끔 구인회 형제와 인사도 나누었던 구면의 관계였다. 어느 날, 천종만이 구인회 가게를 찾아와 "구사장, 이곳은 터가 센 곳이라 장사가 잘되지 않는 곳이오. 장사는 목이 좋아야 하오" 하면서 가게 위치를 옮겨 장사를 해보라고 조언하였다. 구인회는 '장사는 주인이 노력하면 된다'는 자신감을 가지고 천종만의 충고에 별 마음을 두지 않았다. 구인회는 가게를 이전하지 않고 처음 개업한 곳에서 계속 장사를 하였다.

1) 시련, 첫 장사는 식산은행 앞 포목점

여름에 가게 문을 열어 해가 바뀌고 봄이 다가왔다. 하루 찾아오는 고객의 수와 판매되는 포목의 양을 헤아려 보면 그렇게 장사가 잘 되지 않는구나 하는 것을 스스로 느낄 정도였다. 구인회의 아우 구철회도 시름에 빠져 형님의 눈치를 볼 정도였다. 구인회는 여러 가지 대책을 고민하던 중 지난번 가게를 찾아와 '장사 터가 좋지 않았다'고 말을 한 천종만이 문득 생각이 났다. 구인회는 천종만을 찾아가 어떻게 하면 장사가 잘 되는지 그 방법을 가르쳐 달라고 하였다. 천종만은 "장사는 목이 좋은 곳에서 해야 하고, 또 같은 업종이 여러 개 밀집되면 서로 장사가 잘돼요. 마침 우리 가게 앞이 비었으니 여기로 옮겨서 장사를 해보시오"하고 추천하였다.

2) 다짐, 사천 다솔사 주지와 허백련 화백

구인회는 진주에서 포목점을 개업한 후 사천 곤양 봉명산에 있는 다솔사 '석란 최범술' 회주 스님을 자주 찾아갔다. 처음 시작하는 장사에 대한 두려움도 떨치고 좌절 없는 평정심도 갖기 위함이었다.

1916년 사천 다솔사에 출가한 최범술(1904~1979년)은 승려로 독립운동을 하였으며 해방 후에는 1948년 선출한 제헌 국회의원을 지내셨다. 그 후 해인대학을 설립하였고, 1960년 다솔사 조실로 계시면서 절 주변에 죽로차를 재배하여 근대 다도문화를 재건하였다.

지금 다솔사는 명상의 기(氣)가 잘 통하는 사찰로 알려져 있다. 다솔사 차나무 명상길도 추천하고 싶다. 이병철편에 나오는 문산정 걷는 길과 또 다른 매력이 있는 길이다. 다솔사는 일제강점기 때 만해 한용운이 머문 곳이며, 백산 안희재가 독립운동을 위한 비밀장소로 접촉한 곳이다. 소설가 김동리가 '등신불'을 쓴 곳이기도 하다.

그리고 구인회는 포목점을 운영하면서 예술인과 교류도 소홀히 하지 않았다. 그 대표적 지인 중 한 분이 우리 명산을 화폭에 담아 '무등산이 된 화가'로 불리는 한국 전통회화의 거장 '의재 허백련(1896~1977년) 화백'이다.

허백련 화백의 어항풍정. <경남도립미술관 전시장>

허백련은 구인회가 다녔던 중앙고등보통학교 교장 김성수와 일본 유학 시절 한 집에서 함께 한 인연이 있는 분이다. 1932년 7월 국내에서 문을 연 최초의 백화점인 서울 삼월오복점(현 신세계백화점)에서 허백련 화백이 회화전을 개최하였다. 서울 전시회가 끝나자 구인회의 지원으로 진주에서 개인전도 개최하였다.

2022년 10월 30일 경남도립미술관에서 '이건희 컬렉션 특별전 – 영원한 유산'이라는 주제로 개최되었다. 이곳에 뜻하지 않게 허백련 화백의 '어항풍정'이라는 제목의 수묵화 한 점이 전시되어 있었다. 함께 한 아내가 "어~ 어~, 허백련 화가 많이 들어 본 이름인데" 하고 기억을 더듬을 때 곁에서 "구인회 회장의 기록에 등장하는 분"이라 하였더니 마치 잘 아는 분을 만난 듯 더 세세하게 그림을 감상하였다.

박수근, 김기창의 작품과 진주 개천예술제 발기인 중 한 분인 박생광 화백의 작품보다 더 많은 시간을 '어항풍정' 앞에서 보내면서 90년 전 작가와 구인회는 과연 어떠한 대화를 주고받았을까 여러 가지 상상을 해보았다.

3) 변화, 식산은행 앞에서 중앙시장으로 이전

'구인회주단포목상점' 간판이 걸려있다. 1936년 병자년 진주 대홍수 당시 촬영한 사진으로 보인다. <진주100년사>

1932년 12월, 구인회는 식산은행 앞 가게에서 천종만이 추천하는 새로운 터로 가게를 이전하였다. 당시 주소는 진주부 영정 37번지이고 상점의 전화번호 236, 263번이다. 옛날에는 이곳을 종로거리라 불렀는데 현재는 의류가게 거리로 국민은행 후문길 북쪽방향에 위치하고 있다. 지금의 의류가게 입점 전까지는 이곳에 벨아미 의상실(전화번호 7014)과 백조 세탁소(전화번호 2401)가 영업을 하였다. 당시 구인회상점 간판 상호는 유일하게 남은 사진으로 증명되는데 정확한 표기는 '구인회주단포목상점(具仁會綢緞布木商店)'이다. 맞은편이 일본 미나카이백화점이었는데 사실을 뒷받침하는 사진이 있다.

가게 이전 후 1933년 3월, 결산을 해보니 초기 자본금 3,800원 중 500원(당시 쌀 100가마 정도)정도 결손이 난 상태였다. 새로 이전한 가게는 크고 위치도 좋아 임대료도 높았다. 새 가게에 더 많은 포목을 갖추기 위해서는 돈이 더 필요하였다. 결국 구인회는 다시 고향을 찾아 아버지에게 장시 밑천을 더 부탁하였다.

1960~70년대 구인회상점 터는 벨아미 의상실과 백조 세탁소로 바뀌었다. <구인회 회고록>

구인회 아버지는 땅 문서를

내어주시면서 다시 한 번 아들에게 충고를 한다. “네가 망하면 우리 집안도 망한다. 처음 장사가 잘 되지 않는다고 주저 앉지 마라. 무엇이든 꾸준하게 10년은 해보아야 결판이 난다. 절대 조급하게 생각하지 말고 열심히 하거라.”

구인회상점 터가 있던 곳에 의류가게가 들어서 있는 2022년 중앙시장 풍경. 정확한 위치는 몇 가지 자료를 통해 반드시 공인기관의 확인 검증이 필요하다. 〈이래호〉

구인회는 승산리 땅을 담보로 은행(동양척식회사 진주지점)에서 8천원을 융자받아 대량의 물건을 구매하여 새롭게 출발하였다. 목이 좋고 사람이 많이 붐비는 시장 중심지로 가게를 옮겼고, 물건도 다양해서 장사가 잘 될 거라 생각하였다.

구인회 가게가 이전을 하여 개장한 ‘구인회주단포목상점’은 1층 매장, 2층 전시장 및 창고 형태였다. 앞서 소개하였지만 새롭게 매장을 차린 곳은 지금의 중앙시장 서북쪽 입구 옛 종로거리로 부르던 도심의 중심지이다. 이곳과 가까운 지금의 서경방송국 빌딩 주변은 1968년 현재의 장대동 합동주차장으로 이전하기 전까지 시외버스 주차장이었다.

진주는 서부경남에 위치한 사통팔달 교통과 경제의 중심지이다. 구인회 가게 주변은 시외주차장과 진주에서 가장 큰 난전이 있는 진주장터가 있어 늘 많은 사람이 오고 가는 목이 좋은 위치였다.

4) 좌절, 병자년 진주 대홍수

구인회는 가게에 물품도 많이 진열하고 작은 이윤을 내더라도 많은 손님에게 판매하는 박리다매 영업으로 새롭게 시작하였다. 얼마 지나지 않아 구인회 포목상점은 친절하고, 물건의 질도 좋고, 가격도 저렴하다는 소문이 나면서 장사가 꾸준하게 잘 되었다. 1935년 무렵, 장사가 잘 되어 경제적 여력이 생기자 진주 수정동에 일본인 관사를 구입하여 새 거처도 마련하였다(구인회 편. 2회. 구인회 흔적, 진주시 상봉동과 봉 알자리).

그렇게 장사가 잘되던 구인회 포목상점은 뜻하지 않은 시련을 맞게 된다. 1936년 8월 26일부터 3일 동안 장대보다 더 굵은 빗방울이 쏟아져 내렸다. 이것이 '병자년 진주 대홍수' 사건이다. 산청군 덕천강, 경호강에서 내려온 물이 남강둑을 무너뜨리고 진주 시가지 전체를 덮쳤다. 진주 시내에서 가장 높다는 비봉산이 머리꼭지만 보일 정도였다.

시가지 중심에서 장사를 하던 구인회 가게 역시 쏟아져 내려오는 황톳물에 물건을 옮기는 것이 문제가 아니라 생사가 더 시급한 상황이었다. 홍수가 지난 후 구인회는 황톳물과 진흙에 범벅이 된 상품들을 남강변 백사장으로 가져가 씻고 말리면서 어떻게 재기를 할까 고민하였다.

당시 지수보통학교 5학년이던 구자경이 물난리에 피해를 보았다는 소식을 듣고 아버지가 걱정이 되어 진주에 갔다. 지수 염창강과 비교되지 않는 남강 물줄기, 넓은 남강 백사장을 보고 무엇을 생각하였을까. 지금의 경남문화예술회관 맞은편 동방호텔 아래 백사장에서 포목을 말리던 12살 구자경의 모습과 LG그룹 회장이 되어 세계를 바라보는 모습이 교차된다. 1936년은 손기정 선수가 베를린 올림픽에서 마라톤 금메달을 딴 해이기도 하다.

5) 재기, 원창약방 사장과의 만남

많은 시민들이 홍수로 적지 않은 재물 피해를 보았다. 그러나 구인

晋州 姜渭秀 / 河萬濮 / シルベ藥局 / 晋州劵番 / 晋州劇場 / 金銀細工 正金堂 / 鄭泰爽 / 慶南合同銀行 晋州支店 / 正陽堂藥房 / 金奉圭 / 嶺南藥酒會社 / 晋州 實業春秋社

廣信商會 / 河泳珍 / 李豊求 / 崔斗煥 / 具仁會商店 / 晋州釉子會社 / 晋州釀造株式會社 / 三一商會 / 晋陽酒造會社 / 許治九 / 李章喜 / 金甲龍商店 / 一新女子高等普通學校 / 高等普通學校 / 金仁大 / 趙鏞仁 / 許舜九 / 丸二晋州荷主運送會社

구인회상점, 문성당백화점을 비롯한 당시 진주의 상업 계통 현황을 알 수 있는 광고. <동아일보 1937년 8월 17일>

회는 홍수로 인해 사람들은 새로운 옷을 구입할 것이라는 긍정적인 생각을 가졌다. 이런 확신에 오히려 포목을 더 많이 구입하여 장사를 하겠다는 생각을 가졌다.

홍수가 끝난 후 초가을, 구인회는 진주에서 한약방을 운영하는 원준옥 원창약방 사장을 만나 앞으로의 장사 계획을 이야기하고 돈을 빌려 달라고 하였다. 평소 구인회의 됨됨이를 알았던 원사장은 조건 없이 1만원이라는 큰돈을 빌려주었다.

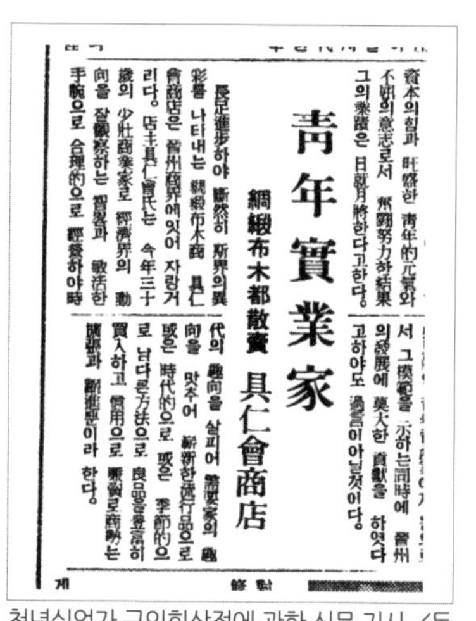

靑年實業家

綢緞布木都散賣 具仁會商店

資本의힘과 旺盛한 靑年的元氣와 不斷의意志로서 不斷努力한結果 그의業蹟은 日就月將한다고한다。

長足進步하야 斷然히 斯界의異彩를 나타내는 綢緞布木商 具仁會商店은 晋州商界에있어 자랑거리다。店主具仁會氏는 今年三十歲의 少壯商業家로 將來界의 動向을 잘觀察하는 智慧과 敏活한 手腕으로 合理的으로 經營하야時代의 趨向을 살피어 需要家의 趨向을 맞추어 嶄新한流行品으로 或은 時代的으로 或은 季節的으로 남다른方法으로 良品을豊富히 買入하고 信用으로 廉價로商賣하는 關係과 斷進뿐이라 한다。

서 그模範을 示하는同時에 晋州의發展에 莫大한 貢獻을 하였다 고하야도 過言이아닐것이다。

청년실업가 구인회상점에 관한 신문 기사. <동아일보 1937년 8월 17일>

자금이 확보되자 결혼에 필수품인 명주와 비단, 광목과 융 등 여러 재료들을 구입하기 위해 전국을 다니면서 좋다는 제품은 다 구입하여 창고에 비축을 하였다. 비록 여름에 대홍수를 겪었지만 가을에는 날씨도 좋고 농작물도 잘 되어 대풍을 이루었다. 구인회의 예상대로 혼수품이나 새 옷을 마련하기 위해 손님들이 줄을 서서 구입해 갔다. 주인과 종업원의 친절과 질 좋은 옷감, 저렴한 가격 등으로 '행운의 가게'라는 소문이 난 것이다.

포목점의 판매도 늘고 규모가 커지자 진주 상공업계에서도 구인회의 존재가 날로 커져 갔다. 1936년 11월에는 지금의 상공회의소 격인 '진주 상무사' 선출의원으로 당선되는 등 진주 상권의 거상으로 성장해 갔다. 1938년 진주상무사 중건 때 원준옥은 30원, 구인회와 천종환은 각 10원을 기부한 기록도 남아있다.

6) 행복, 38세에 할아버지가 된 구인회

구인회는 1907년생이다. 당시에 조혼 풍습이 남아 있었고 구인회는 장남이라 불과 14세이던 1920년 결혼을 하였다. 장녀 양세에 이어 구자경이 장남으로 1925년에 태어났다. 구자경은 진주중학교 재학 중 17세가 되던 1942년 5월 결혼을 하였다. 장남이 구본무이다. 구인회의 장손 구본무는 1945년 2월 출생이다.

이때 구인회는 38세에 할아버지가 되었고 구자경은 17세에 아들을 둔 학생 아버지가 되었다. 불혹의 나이 전에 3대가 함께 생활하는 것은 지금 사회에서 상상이 되지 않을 것이다. 행복은 먼 곳에 있지 않다. 바로 처마 밑이라 하였다. 그리고 가족의 대화에서 온다고 하였다. 구인회, 구자경, 구본무의 한 지붕 아래서 나오는 삼중 화음은 그야말로 '행복'이라는 단어 외 무엇이 적합할까?

8 _ 무역업·청과물·건어물에 도전하다

물건이 잘 팔린다고 중도에 가격을 올리는 것은 하지 않아야 한다.

1937년, 진주에서 장사를 한 지 6년이 지났다.

구인회는 공장이나 도매상에서 포목을 구입한 후 손님에게 파는 소매 영업에서 벗어나 직접 포목을 가공하여 판매도 하였다. 광목에 무늬를 넣거나 문양을 개발하여 주문 생산 판매도 하였다. 그 결과 구인회 포목점에는 다양하고 예쁜 포목이 많다는 소문이 나면서 손님이 끊임없이 찾아왔다. 포목 사업의 번창으로 자금에 여유가 생기자 새로운 사업을 구상하였다. 구인회의 두 번째 사업은 무역업이었다.

1) 도전, 두 번째 선택 무역업

1934년 부산에서 서울, 평양, 신의주, 중국 장춘 간 철도 노선이 개설되어 만주 일대를 견학하는 것이 어렵지 않았다. 구인회의 처남 허윤구는 일본 와세다대학을 졸업하고 '조만물산'이란 회사를 운영하고 있었다. 마늘이나 명태 등을 수출하고 콩을 수입하는 무역업이 주 사업이었다. 1937년 구인회는 처남 회사에 투자한 후 수출입 업무 관계로 중국에 갈 기회가 있었다.

중국 현지 시장을 보고, 중국 상인을 만나 보니 그들의 규모나 거래 단위가 엄청난 것을 알고 구인회는 충격을 받았다. 귀국길에 '진주시장이 너무 좁다', '진주에서 하는 포목점을 운영하는 것 외에 더 넓은 곳으로 가서 더 큰 일을 해야겠다'는 생각을 가진다.

마산에서 정미소와 자동차 운수업을 비롯 토지까지 정리한 이병철도 새로운 사업을 찾아 중국 심천, 장춘 등을 다니면서 중국 상업 규모를 보고 무역업을 해야겠다는 결심을 가졌다. 그리고 대구에 삼성상회를 설립하였다. 이 시기가 1937년 말~1938년 초, 구인회의 중국 견학과 비슷한 시기이다.

2) 학습, 세상은 넓고 크다

만주 지역 등 큰 시장을 보고 온 구인회는 일본에 우수한 견직물이 있다는 것을 알게 되었다. 일본의 원단을 수입하여 국내에 판매하기 위해 곧바로 일본으로 가서 견직물 시장과 전국 유통망을 가진 상점들을 찾아다녔다. 마침 원하는 제품이 있는 가게에 들어가서 "몇천원 정도 물건을 구입하고 싶습니다" 하였더니 "그 정도 금액으로는 여기서 거래를 하지 못합니다"하고 일본 상인은 대응도 하지 않았다.

일본인이 세우고 경영한 미나카이백화점 진주 지점 홍보물.

지난번 중국 시장에서 본 대륙의 시장 규모에 이어 일본 상업계의 규모에 또 한 번 충격을 받았다. 무역을 통한 구인

구인회상점이 있었던 1930년대 진주 최대의 번화가인 종로거리 ① 1906년에 개점한 미나카이(三中井)백화점 ② 문성당백화점 ③ 천종환상점 ④ 구인회상점으로 추측. 사진 속 위치에 관한 설명은 삼성그룹 창업주 이병철의 매형 허순구 가족이 유년 시절 기억을 정리한 것으로, 문서나 사진을 통한 사실관계의 보완이 필요하다. 〈수원광교박물관 / 편집 이래호〉

회의 사업 계획은 쉽게 진행되지 않았다. 또다시 포목상회의 통상적인 가게 일만 하면서 세월은 흘러갔다.

3) 추진, 포목점 위기, 생선·청과 사업에 집중

1939년 2차 세계대전이 시작되고, 중국과 전쟁을 벌인 일본은 물자 총동원, 물자 통제령, 생활용품 통제령까지 공포하였다.

구인회상점에도 영향을 주었다. 명주, 비단은 없어지고 인조 섬유 제품만 판매해야 하는, 더 이상 포목점을 운영할 수 없는 상황이 온 것이다. 이러한 위기에 처하자 구인회는 또다시 새로운 사업을 찾아다녔다.

어느 날, 진주 중앙시장에서 생선가게를 운영하는 '김필수' 사장을 만나 생선시장의 현황을 알게 되었다. 생선은 생필품으로 물자 통제령 물품에 포함되지 않았다. 구인회는 김필수와 삼천포에서 1940년

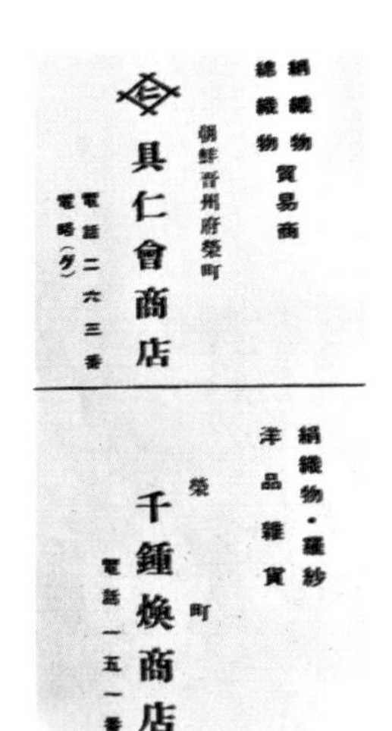

진주 대표 포목점 구인회상점과 천종환상점 홍보물.

11월 '하신상업 주식회사'를 운영하던 외사촌 하길상과 함께 생선, 과일 사업 동업을 하기로 협의하였다.

주 취급 품목은 청과물과 어물이었다. 연안 해역에 나가 어선으로부터 신선한 생선을 싣고 올 배도 한 척 구입하였다. 소금과 식량, 술, 담배, 기름 등 생활필수품을 배에 싣고 바다로 나가 어부에게 주고, 어부는 잡은 생선으로 지불하는 물물교환 거래 방식이었다. 어부들 역시 필요 물품을 생선으로 대체하니 이득이 있어 거래는 잘 되었다. 구인회 역시 중간 유통 없이 생선을 공급받아 진주에서 판매하니 싱싱함과 저렴한 가격 때문에 날개 돋친 듯 팔렸다.

4) 확장, 주식회사 구인상회 법인 설립

1940년 6월 24일, 포목점만 전문으로 하던 구인회 포목상점이 과일, 생선 등 품목이 늘어나자 규모를 키워 '주식회사 구인상회'로 법인을 설립하였다. 구인회는 사장으로 취임을 하였다. 이때 둘째 동생 구정회도 경영에 합류하였다.

1941년 발행한 '조선은행회사조합요록'에 따르면 주식회사 구인상회는 1940년 6월 24일 진주부 영정 37번지에 설립한 회사로 견직물, 면직물 및 기타 잡화류의 판매를 하며 자본금은 19만원 이었다. 대표자는 구인회이고 이사는 구철회, 허윤구(처남), 구린회 등 3명이며 감사는 허우갑과 구인회의 부친 이름과 동일한 구재서가 등재되어 있다. 그러나 1942년판 발행한 조선은행회사조합요록에는 감사가 하상진과 일본인 1명으로 바뀌었다. 영업품목도 의류품류 외 기타 잡품 판매로 변경되었다.

처음 장사를 시작한다고 할 때 '10년은 장사를 해보아야 한다'는 아버지 말씀이 기억났다. 25세 때인 1931년에 포목상을 시작한 지 10년 만인 1940년에 주식회사로 사업의 범위를 넓히게 되었으니 아버지 뵐 면목도 갖춘 것이다.

주식회사의 사장이 된 구인회는 진주 청과류 조합 책임자로 선출되는 등 이에 걸맞게 진주 상공업계에서도 재력과 위치를 인정받는 유력인사이자 영향력 있는 상공인이 되었다.

〈주식회사 구인상회 법인 현황〉

상 호 명	주식회사 구인상회
자 본 금	190,000원 1주당 가격 20원 발행주식수 9,500주
설 립 일	1940. 6. 24
취급품목	견직물, 면직물 및 기타 잡화류 판매
위 치	진주부 영정 37
임 원	사장:구인회 / 이사:구철회(동생), 허윤구(처남) / 감사:구재서(아버지) 외
출 처	조선은행회사 조합요록 1941년판, 동아경제시보사

5) 다양성, 화물자동차 운수업 도전과 실패

1943년 일본의 전세가 약해지자 더 강화된 물자 동원과 징집 동원령 등으로 사회의 분위기도 먹구름 같은 시간의 연속이었다. 구인회는 아버지와 상의한 후 가지고 있던 현금을 모두 진주를 중심으로 경남 일대의 땅을 사들였다.

구인회는 포목점, 생선 판매 외에 새로운 사업을 모색하던 중 1944

년 7월, 경상남도 도청에서 중고 목탄 화물자동차를 매각한다는 공고문을 보았다. 해안이나 어촌에서 생선을 사서 내륙 도시로 빠르게 운송하면 더 신선하게 공급할 수 있고, 운수사업으로도 이윤이 많이 남을 것이라고 생각하였다.

이런 판단으로 구인회는 화물차 30대를 불하받아 운수사업을 하였다. 하지만 생각과 달리 중고 화물자동차는 계속 말썽을 피워 많은 손해를 보았다. 생선을 싣고 가다가 화물차가 고장이 나 시간이 지체되면 생선이 상하게 되어 운수업자가 변상을 해주어야 했다. 역시 운송 중 고장이 나면 다른 차를 빌려 생선을 운송해 주어야 하니 이중 삼중으로 비용이 지출되었다.

이러한 상황이 계속되자 구인회 사장은 '운수사업은 내가 할 사업이 아니다.'라고 판단하였다. 그리고 화물자동차에 조금도 미련을 두지 않고 사업을 과감하게 정리하였다.

6) 구인회의 멘토 원준옥

구인회에게 자본금을 지원한 원준옥 사장의 원창약방 전경. 아들 원종록(대원한약방)에 이어 손자 원호영(현재 원한의원 운영)까지 3대째 한방 역사를 가진 명문가이다. 〈원한의원〉

구인회 회고록에는 언급되지 않은 내용이지만 구인회와 관련된 두 가지 새로운 자료를 확보하였다. 구인회와 원준옥이 함께 기업을 운영하였다는 기록이다.

1935년 10월 5일 '마루니 진주 화주운송 주식회사'가 진주읍 대정정

208번지에 설립되었다. 당시 부산항과 사천 선진항을 통해 진주지역에 해륙물이 많이 유입되었다. 이 회사는 진주지역을 중심으로 해륙물 위탁판매, 창고업, 화재보험 대리업을 주요 영업으로 하는 기업이다. 이 회사 등기이사에 '구인회'와 '원준옥'의 이름이 있다.

원준옥 사장은 병자년 진주 대홍수 이후 구인회가 포목점을 다시 재기할 때 구인회의 됨됨이를 보고 별다른 조건 없이 거액을 빌려준 진주 거상이다.

한국사 데이터베이스에 따르면 원준옥은 '원창약방' 외에 진주 거부답게 몇 곳의 기업을 경영하였다. 1931년 9월 1일 세워진 진주양조 합자회사, 1935년 7월 13일 설립된 진주어채(魚菜) 주식회사, 1935년 10월 5일 설립된 마루니 진주 화주운송 주식회사이다. 원준옥은 한국의 약령시 역사, 진주 경제사, 진주 기업사 연구에 빠트릴 수 없는 중요한 인물이라 생각한다.

두 번째는 1930년대 광업 및 제조업 사업체 명부에 대표 구인회로 등재된 역전제재소를 운영하였다는 내용이다. 동명이인인지 알 수는 없다. 기업명과 등기자 이름만 있어 활용 자료로는 부족하여 더 조사해 보완할 주제이다.

9 _ 부산에서 동동구리무 만들다

신용이 제일이다.

품질을 높이고 값을 싸게 유지하는 것은 기업인의 기본 의무이다.

구인회가 장사를 시작한 후 열 네번의 춘하추동을 보내자 '구인회상점'에서 제법 규모가 큰 '주식회사 구인상회'를 운영할 정도로 성장하였다.

해방이 되었다. 이제 새로운 세계로 진입할 기회가 왔다. 진주 상봉동 '봉 알자리'를 거닐면서 자신에게 약속하고 다짐한, 더 큰 도시로 나가서 기업을 경영하겠다는 결심을 실천할 시기가 되었다. 구인회는 부산을 선택하였다.

株式會社具仁商會
百株券
金貳千圓
株主
鄭義根 殿
本株券ハ當會社定款ニ基キ百株ノ株主タルコトヲ證スル爲メ記名者ニ交付スルモノ也
株式會社具仁商會
具仁會

주식회사 구인상회에서 발행한 주권. 〈구인회 회고록〉

부산은 해운업이 발달된 도시이자 경상남도 도청이 있는 곳이다. 도시 인구도 많아 진주보다 몇 배 더 일할 공간이나 환경이 나을 것이라는 판단을 하고 해방 전에 사두었던 전답을 팔아서 현금을 확보하였다.

1) 부산에서 무역업 시작

1945년 9월, 부산시 서대신동 3가 513번지에 주택을 마련하여 가족들을 데리고 이사를 갔다. 그리고 구인회는 진주 구인회상점을 떠나 서울에서 사업대상을 찾고 있던 동생 구철회와 구정회를 다시 불러 부산에서 새로운 사업에 참여하도록 하였다.

3형제가 모여 의논한 결과 생필품 물자를 조달하는 무역업을 시작하기로 결정하고 1945년 11월 '조선흥업사'를 설립하였다. 그리고 미군정청으로부터 무역업 제1호 허가증을 발급받았다.

첫 번째 무역품목으로 목탄을 결정하였다. 부산에는 일본식 건물이 많고 대부분 다다미방이라 숯으로 난방을 하였다. 숯 판매 사업이 전망이 좋을 것 같다는 생각을 가졌다. 그러나 해방 전 일본의 자원 수탈로 대부분의 산이 민둥산이 되어 숯 구하기가 매우 어려웠다.

구인회는 일본 대마도까지 숯을 구입하러 갔다가 풍랑에 좌초되는 시련도 겪었다. 합천 해인사 부근에서 목탄을 구입 후 부산에서 판매해 보았지만 그 이윤이 진주에서 포목점 경영과 비교되지 않을 정도로 비참한 현실을 맞이하였다.

2) 구인회를 찾아온 허만정과 허준구

조선흥업사를 설립한 지 얼마 지나지 않은 1946년 1월, 부산 사무실에 고향에서 손님이 찾아왔다. 지수면 승산의 가장 큰 부자인 허만정이 셋째 아들 허준구와 함께 구인회를 만나러 온 것이다. 구인회의 장인 허만식은 허만정과 재종관계이다.

"내가 사돈이 진주에서 포목점을 운영하는 것을 보았소. 사돈의 사업능력과 인품을 충분히 알고 있었소. 일본에서 공부를 하고 귀국한 내 아들을 사돈한테 맡기고 싶소. 밑에 두고 일을 좀 가르쳐 주시오. 그리고 사돈이 하는 사업에 나도 자금을 보태고 싶소."

허만정은 조선흥업사 설립 자본금의 25~35%를 동업 자금으로 내놓은 것으로 알려지고 있다. 하지만 숫자에 대한 정확한 문서 자료는 아직 알려지지 않고 일부 내용만 기록되어 있는 메모지만 공개되어 있다. 이날이 구씨와 허씨 집안의 첫 동업이 시작되는 역사적인 날로 기록되고 있다.

허만정은 아들 허준구에게 교훈을 남겼다. "아들아, 경영은 구씨 집안이 잘하니 너는 절대 나서지 말아라. 처신과 몸가짐을 잘하고 돕는 일에 충실히 하여라."

허만정의 아들 허준구는 구인회 동생 구철회의 장녀와 결혼하였기에 구인회는 허준구의 처삼촌이 된다. 당시 허만정의 장남 허정구는 일찍 사업에 참여하여 마산방직공장을 운영 중이었다. 그 후 이병철

구씨와 허씨의 동업은 1946년 1월, 진주 지수 출신 허만정이 부산 조선흥업사에서 구인회를 만나면서 시작되었다. <일러스트 김문식>

이 세운 삼성물산공사에 합류하게 된다. 허만정은 둘째 아들 허학구가 장남을 대신하여 가세를 돌보아야 하기 때문에 셋째 허준구를 구씨 경영에 참여토록 하였다.

3) 구인회와 허만정의 출자 메모지 분석

1946년 초 허만정이 부산에 있는 구인회를 찾아가 "사돈이 하는 일에 자본을 투자하겠소"로 시작된 구씨 허씨의 동업에 관한 허만정의 친필 메모지가 존재하고 있다. 자료의 일부분만 확보된 내용이라 원문해석은 불가능하다. 하지만 기록된 내용을 근거로 분석해 보면 다음과 같은 해석을 유추할 수 있다.

메모지에 기록된 숫자는 28,707,522원(편의상 단위를 원으로 넣음)이다. 이중 구인회 17,149,852원, 구철회 2,796,400원, 구정회 1,871,700원, 허준구 6,889,570원으로 되어 있다. 전체 금액에 허준구가 차지하는 비율이 약 24% 정도이다.

또 다른 메모지에 기록된 '출자참고'라는 제목 아래 숫자는 허준구 270,360원, 구철회 257,230원, 구인회 400,000원으로 허준구의 비율은 29%이다. 사회적으로 널리 알려진 방송인의 사회로 대학교수, 기업인, 경제인, 전직 고위공무원 등 관련분야 전문가가 출연하여 방송된 매체에는 구씨와 허씨 투자 비율이 65:35% 라고 설명하는 내용도 있다.

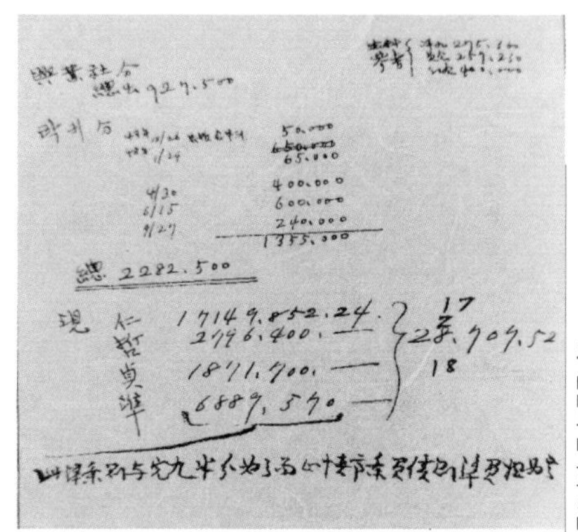
總 927.500
50.000
65.000
4/30 400.000
6/15 600.000
9/27 240.000
1355.000
總 2282.500
仁 17149.852.24
哲 2796.400
貞 1871.700
準 6889.570
28.707.52

1947년 락희화학공업사 지분에 대해 허만정이 직접 작성한 기록물. <효주가장>

이런 자료를 통해 허만정의 투자금

액은 25~35% 라는 주장에 근접하고 있다. 메모지나 방송내용에 알려진 투자 비율은 따로 설명된 내용이 없어 자료로 인용하기에는 부족하다는 생각을 가진다.

4) 동동구리무, 크림 사업에 도전하다

<럭키크림>

부산에서 최초로 생산한 동동구리무 화장품. 영어 LUCKY를 상품 이름으로 생산하였다.

시골 장터 풍경이다.

등에는 커다란 북, 가슴에는 아코디언, 입에는 하모니카를 물고 있다. "동동구리무 사세요. 쿵, 쿵, 거북등처럼 쩍쩍 갈라진 손등에 이 구리무 발라봐. 손등이 매끌매끌해져. 까칠한 얼굴, 이 구리무 바르면 봄처녀 치마처럼 부드러워져." 지나가던 여성들, 그냥 못 가고 한통씩 사가지고 간다.

동동구리무 노래 가사야 장사하는 사람 마음대로 이듯 자기 편한 대로 지어서 불렀다. 동동구리무, 동동구리모, 동동구루무, 크리무, 크림으로 엇비슷한 발음이지만 동일한 제품을 말한다. 구인회가 부산으로 와서 허만정과 동업 후 처음으로 시작한 사업 품목이 '동동구리무'였다. 최근 트롯 가수들에 의해 향수를 불러온 노래 중에 '동동 구루무'가 있다. 락희화학에서 생산한 '동동구리무' 제품이 노래의 배경인 것으로 추측된다.

동동구루무 한통만 사면
온동네가 곱던 어머니
지금은 잊혀진 추억의 로션

어머님의 동동구루무
바람이 문풍지에
울고가는 밤이면
내 언 손을 호 호 불면서
눈시울 적시며
서러웠던 어머니
아 아 동동구루무

동동구루무 아끼시다가
다못쓰고 가신 어머니
가난한 세월이 너무 서럽던
어머님의 동동구루무
달빛이 처마끝에
울고가는 밤이면
내 두뺨을 호 호 불면서
눈시울 적시며
울먹이던 어머니
아 아 동동구루무
바람이 문풍지에
울고가는 밤이면
내 언 손을 호 호 불면서
눈시울 적시며
서러웠던 어머니
아 아 동동구루무

5) 당구장에서 시작된 사업 아이템

구인회, 구철회, 구정회 3형제와 허준구까지 합류한 구·허(具·許) 4인방의 조선흥업사는 한동안 제대로 된 사업 품목을 찾지 못하고 있었다. 하루하루를 심심하게 보내던 시기였다. 특별하게 진행되는 일이 없자 28세의 혈기왕성한 청년 구정회는 무료한 시간을 보내기 위해 사무실 옆에 있는 당구장에 출입하는 일이 많았다.

여러 차례 당구장을 출입하다 보니 화장품 크림 제조회사인 '흥아화학공업사'에 다니는 '김준환' 기술자를 자연스레 알게 되었다. 구정회는 김준환과 내기 당구도 치고 가끔은 주점에서 세상 사는 이야기도 나누었다. 어느 날 김준환이 "우리 회사가 여성용 화장품인 아마쓰(천진) 상표 크림을 만드는데, 이 크림을 한번 판매해 봐라. 판매는 도청 상공과의 허락을 받은 대리점만 가능하다"는 이야기를 하였다.

집으로 돌아온 구정회는 형 구인회에게 당구장에서 만나 김준환과 나누었던 이야기를 전해주고 판매사업을 해보자고 제의를 하였다.

6) 화장품 판매를 시작하다

며칠을 고민한 구인회는 이 사업을 하기로 결심하고 도청 상공과에서 화장품 판매 허가서를 받아왔다. 판매 장소는 아직 대리점이 없는 서울로 가서 판매를 하기로 하였다.

구인회는 현금으로 500타의 아마쓰 크림을 구입하고 서울 남대문시장으로 가져갔다(1타에 500원 정도인데 당시 금융 조합원 직원 급여가 월 20원 정도였다). 화장품 판매 소매점을 찾아 제품을 설명하였지만 쉽게 거래되지 않았다. 국산품이고 지방에서 만든 제품이라 품질이 낮을 것이라는 인식이 강했기 때문이다. 판매 초기에 많은 어려움을 겪었다. 왜 화장품 사업을 하였는지 후회도 할 정도였다. 하지만 시장 개척을 위해 소매상이나 화장품 직접 판매하는 가게를 꾸준하게 찾아다닌 결과 반전은 멀리 있지 않았다.

해방과 함께 근대문물이 유입되자 '자유와 멋'이 결합된 문화가 한국 사회에 유행처럼 번졌다. 여성들이 양장 차림에 화장도 하고 멋을 내기 시작하였다. 화장품은 여성 필수품이 되었다. 밀물처럼 팔리기 시작하였다. 경쟁회사 제품도 몇 곳 없었고 아마쓰 크림의 가격도, 품질도 적당하여 하루하루가 다르게 매출이 늘어났다.

판매가 늘어나자 구인회는 서울에 중간 소매상도 구성하였다. 부산 공장에서 물건을 구입하여 서울역에 도착하면 소매상인이 마중을 나와 현금을 주고 물건을 바로 가져가는 판매였다. 구인회의 조선흥업소는 크림 장사로 요즘 표현으로 '대박'을 친 것이다.

7) 화장품 공장을 설립하다

마침내 공급이 수요를 따라가지 못하는 상황이 발생하였다. 구인회에게 물건을 공급해 주던 아마쓰 크림 생산공장 흥아화학공업사 사장은 김준환 기술자와 처남 매부 관계이다. 뜻하지 않은 오해로 서로의 갈등이 커지자 김준환이 회사를 그만두게 되었다. 얼마 후 구인회를 찾아온 김준환이 "원료만 있으면 내 기술로 크림을 만들 수 있다"고 하자 구인회는 "내하고 우리 집에 크림 만드는 공장을 차려 직접 생산을 하여 판매를 하자"고 제안하였다.

김준환이 만들고 구인회가 판매하는 형태로 협의하였다. 구인회는 직접 생산을 결심하고 고성의 토지 3백석지기 땅을 36만원에, 그리고 미련과 역사를 담은 진주에서 운영하던 구인회상점도 50만원에 매각을

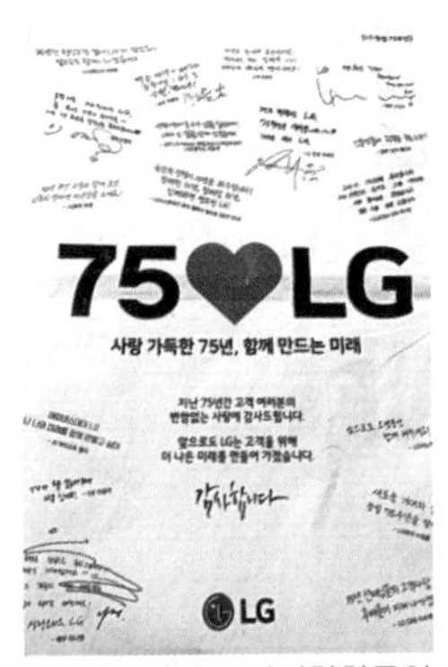

2022년 광고로 락희화학공업사가 1947년에 창립되어 올해로 75년이 되었다는 뜻이다.

하여 자본을 마련하였다. 이렇게 준비된 자본으로 영도 데지마(出島, 출도) 비누공장에서 대량의 원료를 먼저 구입하는 모험을 시도하였다.

어느 날 구인회 자택과 공장이 있는 마당에 구인회, 구철회, 구정회 형제와 허준구, 기술자 김준환이 다 모였다. 김준환의 손끝 하나에 구인회의 미래가 걸려있는 상황이다. 김준환이 마술처럼 숙달된 실력으로 여러 가지 재료를 배합하고 복잡한 공정을 거친 후 크림을 만들어 냈다.

천운이랄까? 향도 진하고 촉감도 부드러운 좋은 크림이 만들어졌다. 첫 생산에 성공한 조선흥업사는 "우리가 생산하는 크림에도 새로운 이름이 필요하다. 이름을 지어서 우리 상표로 판매하자." 구인회, 구철회, 구정회, 허준구, 김준환이 모여 대책회의를 하였다.

8) 럭키, 이름의 탄생

구정회가 "화장품은 서양의 제품을 인정하는 시대이니 우리도 크림통에 할리우드 여배우 '디아나 더빈'처럼 예쁜 여자사진을 크림통에 붙

① 동동구리무라 불렀던 1947년 럭키 크림 생산 당시의 크림통 ② 크림통의 모델인 배우 디아나 더빈 ③ 창립 65주년 '럭키 크림 더 클래식' 기념 스페셜 에디션으로 재탄생한 럭키 크림. <락희화학공업사>

이고 크림 이름도 영어로 하자"라고 제안을 하였다.

이렇게 해서 탄생한 크림의 이름은 행운을 주는 '럭키, 영어로 LUCKY'이다. 그리고 한자 표기로는 영어 럭키와 발음이 비슷한 락희(樂喜, 즐거울 락, 기쁠 희)로 하였다. 모든 사람에게 행운과 기쁨과 즐거움을 주는 럭키와 락희, 영어와 한자의 조합어가 뜻과 발음이 너무도 일치하였다.

모두가 최고의 명작이자 상표라고 칭찬을 아끼지 않았다. 지금의 LG그룹 역사와 초기 이름의 시작은 이런 과정을 거쳐 세상에 나왔다.

2012년 5월 15일 전국의 주요 일간지는 LG생활건강이 창립 65주년을 맞이하여 LG그룹 모태인 락희화학공업사의 첫 제품 '럭키 크림'을 현대적으로 재해석한 '럭키 크림 더 클래식'을 한정판으로 출시한다는 내용을 보도하였다.

럭키 크림은 1947년 구인회 LG그룹 창업주가 부산에서 락희화학공업사를 설립해 처음 출시한 일명 '동동구리무'로도 불렸다. LG그룹의 출발점이 됐을 뿐 아니라 한국 화장품의 지평을 열었다고 자부하는 제품이다. 구인회의 부인도 제품 테스트에 직접 참여하였다. 크림을 바른 후 시간이 지나 크림이 건조해지자 얼굴이 땅기고 따가운 느낌이 있는 것을 건의하는 등 제품 개선점을 직접 조언하였다.

9) 구인회와 함께 한 허만정 가족들

승산리 허씨 문중은 대대로 근검절약을 통해 천석꾼, 만석꾼이 많았고 인근 의령, 함안 등지에 많은 전답을 소유하고 있었다. 인심도 후하여 어려운 이웃에는 쌀과 밥을 나누어주는 등 주민들로부터 존경을 받는 집안이었다.

지수 승산리 허씨 문중의 큰 어른 지신정 허준은 3남 7녀를 두었다. 42세때 과거에 응시하여 비서원 승지를 지낸 분이다. 호는 지신(止愼)으로 뜻은 '멈출 줄 알고, 삼갈 줄 안다'이다.

구인회와 동업한 허만정은 허준의 3형제 중 둘째이다.

허만정은 8명의 아들을 두었다. 이중 구인회와 함께한 허만정 가족은 모두 세명이다. 가장 먼저 참여한 분이 구인회가 부산 조선흥업사 창업때 아버지 허만정과 함께 간 3남 허준구이다. 구인회와 처음부터 기업을 공동 경영한 LG그룹의 창업 세대이다. 기업 성장사의 역할을 볼 때 2003년 분리된 GS그룹의 설립자로 보아도 무방할 것 같다.

두 번째는 허만정의 차남 허학구이다. 일본에서 유학을 끝내고 귀국하여 락희화학공업사가 플라스틱 사업 진출 때 참여하였다. 락희화학이 플라스틱 공장 설립 때 구자경과 함께 바닥을 청소하고 공장 한켠에 나무를 깔고 숙식을 해결하는 등 솔선수범한 공장 생활 이야기는 아직도 많은 이의 귀감으로 남아 있다.

세 번째 합류한 허씨 가족은 넷째 아들 허신구이다. 당시 부산대학교를 졸업하고 조선통운에 다니던 중 락희화학 서울 사무소에 합류를 하였다. 허신구에 대한 이야기는 12회에 더 상세하게 기록되어 있다.

10) 허씨 문중의 검소함 이야기

'1원을 벌기 위해 1,000원도 투자를 하고, 1,000원을 벌었다고 1원을 헛되게 쓰지 않는다.' '욕심낼 만큼 주지 않아도 빈손으로는 가게 하지 않는다.' 이러한 표현은 오늘날 기업을 경영하는 분들에게 필요한 좌우명이 되지 않을까 생각해 본다.

허씨 문중이 부(富)를 이룬 재미있는 이야기가 있다. 실로 전설같은 이야기이고 오늘날 기준으로 보면 꼭 이렇게 까지 하였을까 하겠지만 부자가 되고 싶다면 새겨들어야 할 내용으로 부족함이 없다.

첫 번째 이야기이다. 허씨 문중은 남이 보는 데서 짚신을 신고 다녔다가 아무도 보는 사람이 없을 때는 짚신이 닳는 것이 아까워 벗고 다녔다.

두 번째는 담뱃대에 가루담배를 넣고 '뻐뻐'하고 곰방대를 빨기는 하지만 불을 붙이지 않았기에 그냥 입으로 '푸우' 하고 연기 없는 공기만 내뿜었다.

세 번째는 머슴들이 일을 하는 현장에 와서 담뱃대에 가루담배를 재놓고 탁자 위에 놓고 나온다. 이것은 잠시 후 내가 다시 담배 피우러 온다는 뜻이다. 내가 언제 돌아올지 모르니 긴장하여 일을 열심히 하라는 뜻이다.

네 번째는 전설처럼 전해오는 검소함의 절정이다. 무더운 여름날 부채를 펼쳐 얼굴에 바람을 쐬는 것이 아니라 부채는 그 자리에 있고 얼굴을 좌우로 흔들었다. 부채가 혹시나 상할까 들고만 있었다는 것이다. 하지만 허씨 집안의 검소함과 절약의 위대함은 더 큰 곳에 있었다.

11) 실천하는 허씨 문중

허씨 문중은 지독하게 일하고 벌었으며 그렇게 번 돈은 지독하게 아끼고 헛되게 쓰지 않았으니 재산이 쌓이는 것은 당연한 이치이다. 즉 열심히 벌고 아껴 쓰는 단순한 논리로 부자의 길을 걸었던 것이다. 하지만 허씨 문중은 구두쇠가 아니다. 이렇게 절약하여 모은 돈은 1924년 진주에 일신여고(현 진주여고)를 세우는 데 아낌없이 지원하였다.

안희제가 세운 백산상회에 독립자금도 조달한 애국자이기도 하다.

지금의 구 지수초등학교 설립 초기에 막대한 자금을 지원하였다. 나라와 사회를 위해서는 사회적 명성이 있는 분의 그 신분에 걸맞게 행하는 도덕적 의무인 '노블레스 오블리주'의 표본 같은 삶을 추구한 훌륭한 명문 가문이다.

허만정이 구인회와 동업을 하기 전 몇 곳의 기업에 투자를 한 기록이 있다. 한국역사정보통합시스템 자료이다. 1919년 5월 28일 설립된 외국 물산 무역 및 위탁매매를 하는 부산 백산무역(주)에 주주로 참여하였다.

진주 협성상회(주)는 국내와 외국에 물산 무역 및 위탁판매를 하는 기업으로 당시 회사 주소는 진주군 진주면 평안동 224번지이다. 1920년 8월 22일 설립되었고 감사로 참여하였다. 그 후 1946년 1월, 구인회가 설립한 LG그룹의 원조격인 조선흥업사에 투자를 하였다. 구인회와 약 57년간 동업이 지속된 후 2003년 LG그룹에서 허씨 일가가 분리, GS그룹 이름으로 새롭게 출발하였다. 당시 GS그룹의 규모는 재계 순위 7위 정도로 큰 그룹이었다.

12) 허씨의장

허만정 집안을 소개할 때 빠트릴 수 없는 것이 '허씨의장(許氏義莊)'이다.

2008년 5월 허만정의 5남 허완구가 '지신정 허준 유고첩'이란 책을 출판하였다. 이 책은 할아버지 허준이 생전에 지은 글, 허준과 관련된 공·사문서, 허준 지인과 자녀 그리고 사위들에게 보낸 편지류, 허준의 삶을 서술한 지신정 유사와 허준이 기금을 출연해 만든 의연 기구 허씨의장 등에 대한 내용이 기록되어 있다. 유고첩 내용중 현대사회에 공감이 큰 교훈적인 내용 두 가지를 정리해 보았다.

1923년 지신정 정자를 지으면서 남긴 기록문 내용이다.

'지신(止愼)의 신이란 수신과 제가의 큰 근본이다. 보고, 듣고, 말하고, 움직이고, 일에 응하고, 사물에 접할 때는 활을 쏠 때 과녁이 있는 것처럼 신중하여라. 언제나 이를 주목하고 일정한 마음으로 반듯하게 하고 잠시라도 잊지 아니하여야 한다. 그리고 깊은 연못과 얇은 얼음이 앞에 있는 듯 자만하지 않고 덕 있는 이에게 물어서 행하라. 지신 정자는 만대에 전할 유물이다.

이를 지키는 방법은 검소함에 있지 사치함에 있지 않다. 사치냐 검소냐 이 두 갈래에서 흥성과 패배가 나뉘니 더욱 삼가고 삼가야 한다.' 이 글은 늘 행동에 있어 깊은 물에 임한 듯, 얇은 얼음을 밟는 듯 '신중'하여야 한다는 의미가 가장 적합한 표현이 아닐까 생각해 본다.

그리고 허준은 가난한 종친들을 돕기 위한 목적으로 의연 기구인 '허씨의장' 헌장을 제정하였다. 4장과 강령, 관리, 구휼과 양로, 보칙 9조와 특별약장으로 이루어져 있다. 1920년 2월에 작성하고 1935년 2월에 개정하였다.

'증국번 가서'는 중국 주석 모택동이 평생 동안 논어와 함께 손에서 놓지 않은 책이다. 중화민국 장개석 총통 역시 평생 동안 손에서 놓지 않은 책이다. 내용은 증국번이 부모, 아우, 아들에게 준 수신, 학문, 처세 필자가 추천하고 싶은 증국번의 명언이다. '검소에서 사치로 가기는 쉬워도 사치에서 검소한 것으로 돌아오기는 어렵다. 집안을 꾸려나가는 방법은 검소함을 숭상해야만 오래갈 수 있다. 집안을 유지하는 근본은 근(勤)과 검(儉)이다'라는 내용이 있다.

10_LG그룹 역사의 시작 락희화학공업사 설립

가장은 기준과 원칙을 가지고 우애와 화목한 환경을 만들어야 한다.
책임감 있는 한사람의 형제나 자녀가 기업에 있으면 때로는
10사람 이상의 몫을 한다.

구인회가 만든 크림의 이름은 '럭키 크림 – 행운의 크림'이다.

영어 표기는 'LUCKY CREAM'으로 하였다. 그리고 크림통 외부에는 외국의 여배우 디아나 더빈 사진도 붙여져 있다. 마치 외국에서 수입한 크림 같았다.

1) 락희와 럭키

1947년 락희화학공업사는 생산된 화장품에 '럭키 크림' 이름을 붙였다. 럭키는 영어로 행운의 뜻도 있지만 락희의 한자 표기이다. 락희화학에서 생산된 LUCKY 크림은 없어서 팔지 못할 정도였다. 구인회가 첫 번째로 도전한 제조업 크림(화장품) 사업은 대성공을 거두었다. LUCKY 크림은 LG그룹의 역사를 품은 제품이 되었다.

행운을 준다는 LUCKY 7(럭키 SEVEN)의 유래는 1922년 10월 미국 월드시리즈 야구 시합 때 해설자 라이스가 행운의 7회라는 해설을

하면서 단어가 조합되어 LUCKY 7은 일상에 많이 인용하는 단어가 되었다.

락희화학공업사는 1966년 ㈜락희화학공업사, 1974년 ㈜럭키로 변경하였다. 그 후 1995년에 ㈜LG화학으로, 2001년에는 LG생활건강으로 회사명을 변경하였다.

2) 락희화학 설립 전후의 배경

설립 초기 럭키 크림을 생산한 락희화학공업사 부산 공장. 〈LG화학〉

6·25 전쟁 후 한국 사회는 경제적으로는 산업 개발과 근대화를, 사회적으로는 한국의 생활 문화를 변화시키고 개발시켜야 하는 두 가지 어려움에 놓여 있었다. 그러나 균형이 맞지 않아 경제가 모든 것을 압박한 환경이었다. 이 시기에 가장 시급한 것은 보릿고개 넘는 곡식의 생산도 중요하지만 쌀 한줌이라도 담을 그릇과 밥을 짓는 냄비 등 일상에서 늘 사용하는 생활용품의 제품 공급도 절실하였다.

박이나 표주박을 말린 바가지, 미군이 사용한 깡통의 활용, 깨지거나 부서지는 황토 그릇과 옹기 등은 일상 생활용품으로 사용하기에는 한계가 있었다. 50년 전 부모님이 비누통 가져오라는 것을 “거기 있는 럭키통 가져오라.” 한 적이 있다. 한글도 잘 깨우치지 못하였던 할머니도, 어머니도 LUCKY라는 영어는 알았다. 지금 20대 청년들에게 그 시절을 이야기하면 먼 구석기, 신석기시대 도구로 생각할 것 같다.

1950년대 플라스틱 제품으로 생산한 비누통은 그 당시 최고의 기술이 만들어낸 제품이다. 오늘날 스마트폰 외형이나 컴퓨터 외형, 자판기 등은 모두 사출 성형기에서 나온 것이 많다. 재료의 첨가에 따라 다양한 색상을 내지만 어느 누구도 지금의 성형 제품을 첨단 제품이라고 하지 않는다.

3) 락희화학 설립 과정

럭키 크림의 판매가 단순한 형태의 조직으로 운영하기에는 한계가 넘어갈 정도로 매출이 늘어났다. 수요에 맞춰 생산 시설 공장을 증설하고 규모에 알맞게 직원도 선발하는 등 체계적인 기업으로 경영할 필요성이 있었다.

구인회는 조직의 형태를 갖추고 원활한 운영을 위해 럭키 크림을 전문으로 생산, 판매하는 '락희화학공업사'를 1947년 1월에 설립하였다.

락희화학공업사가 설립된 부산시 서대신동 3가 13번지는 구인회의 집이자 공장이고 사무실이었다. 자본금 300만원에 종업원은 20명 규

LG CI 변천사

	LG화학	LG전자	LG
1950~			
1970~	럭키 럭키	주식회사 금성사 GOLD STAR	럭키그룹 (1979)
1980~	럭키 LUCKY	금성사 GoldStar	럭키금성그룹 LUCKY-GOLDSTAR
1995~	LG화학 LG Chem	LG전자 LG Electronics	LG (1995)
2015~	LG화학 LG Chem	LG전자 LG Electronics	LG (2015)

1950년부터 사용한 락희화학공업사와 금성사 등 LG 기업 CI 변천사. <LG그룹>

모였다. 1950년 3월, 락희화학공업사는 서울에서 생활하던 구태회의 주택 마당에 작은 공간을 설치하여 화장품 연구소를 설립하였다. 구태회는 이곳에서 타 회사와 다른 제품을 만들기 위하여 여러 번의 시행착오를 거쳤다. 이러한 과정을 겪은 후 연구소에서 개발된 투명 크림은 소비자에게 더 인기가 있는 상품이 되어 생산하기가 무섭게 시중으로 팔려나갔다.

또 하나 판매에 큰 도움이 된 것이 화장품은 의약품이 아니라 제조 및 생산판매에 정부기관의 간섭이 적어 생산에 큰 어려움이 없었다. 1949년 전국에 50개 정도 화장품 관련 기업이 설립되어 경쟁을 할 정도였다.

4) 구자경의 락희화학 공장 참여

1947년 4월, 지수초등학교 교사로 근무하던 장남 구자경이 부산사범 부속초등학교 교사로 전근을 가서 부산에 거주하였다. 이회창 전 국무총리 부인 한인옥 여사와 신상우 전 국회부의장이 구자경의 제자이다.

락희화학의 크림 사업이 번창하자 일손이 많이 부족하여 구자경도 교직에만 전념할 여건이 아니었다. 낮에 교사로 근무하고, 야간에는 공장일을 도와주고, 방학 때는 종일 공장일에 매달렸다. 1950년 4월, 구인회는 아들 구자경을 불러 학교를 그만두고 공장 일을 돕도록 하였다. 중·소 도매상 관리, 제품 수송, 포장 등 처리해야 할 공장의 일에 비해 일손이 너무 부족함을 알게 된 구자경은 아버지의 부탁을 거절할 여건이 아니었다.

이로써 지수보통학교 2년, 부산사범 부속초등학교 3년 모두 5년의 교직생활을 마감하였다.

5) 락희화학의 경영 체제

락희화학공업사는 사장 구인회를 중심으로 조직을 새로 편성하였다. 구정회가 원료의 섭외와 관청업무를 맡았고, 구태회는 연구 개발을, 구평회는 국제 업무를, 구자경은 생산 담당을, 허준구는 부산 시내 영업과 수금을 담당하였다. 구자경의 동생인 구자승이 경리와 출납업무를 담당하였다. .

락희화학의 특징 중 경영진과 주요 부서의 책임자는 구씨 가족과 허씨 형제, 처남, 매부 등 대부분 가족 중심의 운영이었다. 회사의 규모가 커지자 혈연과 지연 중심의 집안사람으로만 주요 경영진을 구성하기에는 부족한 인원이라 더러는 주요 경영진의 절친한 친구나 고향친구, 지인 자제들 중 우수한 자질을 가지고 있는 사람을 특별 초빙하기도 하였다.

기술직이나 생산직에는 특별한 기술이 필요하여 가족 주변 사람으로는 한계가 있어 그 분야에 뛰어난 재능을 가진 사람을 수소문하여 특별 채용 하기도 하였다. 그럼에도 불구하고 락희화학은 더 많은 인재가 필요할 정도로 성장하였다. 이러한 인력 공급의 어려움을 직시한 구평회 상무는 인재 확보의 중요성을 구인회 사장에게 강조하였다. 1956년 락희화학은 처음으로 신문 광고를 통해 공개 채용을 실시하였다. 국내에서 처음 있는 일이며, 이때 많은 인재들이 공채 1기생으로 입사를 하여 회사의 성장 가도에 큰 힘이 되었다.

경쟁률이 10대1 이상이었고 시험 과목은 영어, 전공, 논문이었다. 시험 문제 출제와 감독, 채점은 구태회 전무, 구평회 상무, 박승찬 상무가 하였다.

6) 럭키 크림 성공 요인

럭키크림이 이렇게 단기간에 화장품 업계 대표로 자리를 잡을 수 있었던 몇 가지 요인이 있다.

(1) 6·25 전쟁으로 인해 서울 지역에 공장을 가진 화장품 회사들은 생산 시설이나 창고 재고품이 모두 손실되었다. 그러나 락희화학은 서울에 보낸 외상 물건 값은 받을 수 없었지만 공장이 부산에 있어 전쟁의 피해를 직접 받지 않았다. 기계도, 설비시설도 파괴되지 않아 계속하여 생산을 할 수 있었고, 전란 중이지만 판매도 지속적으로 가능하였다.

(2) 타 회사와 차별화하는 반투명 크림을 개발하여 소비자의 요구에 부응하였다.

(3) 글리세린과 향료 등 원료를 먼저 확보하여 생산에 문제가 없도록 하였다.

(4) 좋은 재료를 사용하여 좋은 제품을 만들고 합리적인 가격으로 공급하여 소비자의 신뢰가 높았다.

하지만 이것은 행운만으로 얻어진 것은 아니다. '럭키 크림은 좋다'는 인식을 소비자가 갖도록 전 가족이 뭉쳐 좋은 재료를 찾고 제품 개선을 위한 연구 노력을 게을리하지 않았다. 이런 노력의 결과는 락희화학의 럭키 크림은 비록 후발업체이지만 흥아화학의 아마쓰 크림보다 더 많이 팔리는 유명상표가 되었다.

7) 구자경 회장과 씨름

1939년 구인회의 장남 구자경이 진주 공립중학교(현 진주중학교)에 입학을 하였다. 당시 진주중학교는 서부경남 유일한 중학교로 성적이 좋아야만 입학할 수 있었다. 구자경은 운동을 너무 좋아한 나머지 학업을 등한시하여 재수를 하고 진주중학교에 합격하였다.

구자경은 중학교 입학 후에도 운동을 좋아하였는데, 특히 축구와 씨름을 좋아하였다. 뿐만 아니라 자전거 타기도 좋아하였는데 아버지가 경영하는 구인회상점에 점원들이 물건을 배달하기 위해 세워둔 자전거를 타고 나갔다가 개천에 굴러 떨어져 머리에 큰 흉터를 남길 정도였다. 서예와 미술도 잘하였다. 기업 경영에 참여하지 않았다면 예술가나 운동선수로 성장하였을 거라고 회고록에 기록된 내용도 있다.

유도도 잘하여 부산 동래까지 원정시합을 가기도 하였다.

1980년대에 민속씨름이 유행할 때 럭키금성그룹에서도 씨름팀을 창단하게 되었는데 구자경 회장이 망설임 없이 넉넉하게 지원해 주었다.

8) 구본무 회장과 럭키금성 씨름단

럭키금성그룹이 스포츠 투자에 본격적으로 참여한 것은 1984년 창립한 씨름단부터이다. 구자경 회장도 학창 시절 씨름과 인연이 있고 향수를 간직한 종목이라 하였다. 구자경 회장이 소띠 출생이라 씨름단의 상징 동물도 '황소'였다는 기록을 본 적도 있다.

럭키금성 씨름단은 1984년 12월에 창단되어 2004년 12월 해체까지 약 20년간 운영되었다. 선대 회장의 씨름 사랑은 구본무 회장까지 이어졌다. 한국 민속 씨름의 1세대인 럭키금성 씨름단 차경만 전 감독의 회고이다.

씨름팀은 매년 겨울이 되면 따뜻한 남쪽 진주에 동계훈련을 많이 왔다. 구본무 회장은 “선수들은 잘 먹고, 잘 자고, 잘 훈련해야 한다”며 진주 시내 중심에 있는 최고급 호텔인 동방호텔 전체를 빌려 좋은 환경, 좋은 시설을 사용하도록 하였다. 씨름 선수들의 평균 연령은 20대로 식사량은 일반인이 생각하는 그 이상이다.

그럼에도 구본무 회장은 아버지 구자경이 설립한 씨름팀을 아낌없이 지원을 해 주었다. 동계훈련 때 명절이 있는 날이면 구본무 회장의 외가가 있는 진주 대곡 집으로 선수들을 데려가 격의 없이 윷놀이를 함께 하며 즐겼다. 마치 아버지와 아들이 함께 지내는 것처럼 대해 주셨다. 훈련으로 고생하는 선수들에게 따뜻한 떡국과 음식을 손수 준비하여 선수 한 명 한 명에게 정을 쏟아준 모습은 영원히 잊을 수 없다고 하였다.

필자도 씨름과 스쳐가는 인연이 있다. 중학생 때 체육 시간에 얼떨결에 씨름판이 벌어져 몇 가지 기술로 상대를 이기자 체육 선생님이 부족한 씨름 선수를 보충한다고 필자를 데리고 갔다. 간식에 눈이 멀어 며칠간 모래판을 뒹굴 때 담임이 찾아와 체육선생에게 “이 친구는 왜 담임 동의도 없이 씨름선수로 데려가느냐”며 다시는 필자를 씨름판에 못 가게 한 것이다.

당시 필자가 짧은 기간이지만 연습한 씨름팀 선배 선수로 민속씨름 출범 후 초대 한라급 체급장사가 되고 천하장사 결승전에서 이만기에게 패배한 최욱진 장사도 있었다. 필자의 씨름 인연은 계속 연결되어 대학 축제 때 학과 대표 선수로 참가하여 나보다 덩치가 큰 선수를 들어 올려 관중들에게 볼거리를 제공하였고, 여대생의 뜨겁고 싫지 않은 시선을 받은 적도 있었다.

직장에 다닐 때 하계수련장에서 공장장배 노사씨름대회가 열리면

총무과 소속이라 심판으로 참가한 적이 있었다. 백사장에 설치한 씨름판에 무릎이 1㎜ 정도 먼저 닿은 것까지 판정을 하여 지금처럼 비디오 판정도 못하는 시대라 승자와 패자팀으로부터 탄성과 원망을 동시에 받은 적도 있었다.

거평그룹 비서실에 근무할 때 그룹에서 씨름단 인수 및 창단 이야기가 있었다. 민속 씨름의 중흥을 위해 회장님의 지시로 당시 한보그룹의 멧돼지 씨름 선수단 실무자와 접촉을 한 일도 있다. 필자는 국가무형문화재이자 인류무형문화유산으로 등재된 우리 씨름에 꼭 기업뿐만 아니라 다양한 시민사회단체들의 참여로 다시 한번 씨름이 한국을 대표하는 국민 스포츠가 되었으면 하는 생각을 가진다.

앞서 소개한 럭키금성 씨름단 차경만 감독은 필자의 초등학교 선배로, 부인은 필자와 초등학교 동기동창이다. 필자가 구인회의 자료 수집 및 취재차 지수초등학교를 방문하였는데 당시 교장으로 근무하고 있었다. 동기 동창에서 존경하는 선배의 부인이 되어 형수라고 불러야 하는 소소함의 인연이다. 능력이 출중하고 재능과 인격을 겸비하여 일찍부터 교장이 된 훌륭한 교육자이다.

9) 구본무 회장과 허영만 화백

구본무 회장은 어린 시절 진주의 조부모 집을 오가며 자랐다. 진주 중앙시장에 진주를 대표하는 비빔밥집이 두 곳 있다. 약 100년 된 오래된 가옥을 그대로 사용하는 식당과 중앙시장 내 상가 식당이다.

진주비빔밥의 특징은 비빔 재료인 채소와 나물 외에 육회를 밥 위에 올려주고 선짓국을 제공한다. 진주에 가면 비빔밥을 꼭 맛보시길 추천한다. 2020년 10월 23일 진주 육회비빔밥 식당이 허영만 화백이 출연하는 '백반기행' 프로그램에 방송되었다.

허영만 화백은 구본무 회장이 이곳 식당에서 식사한 인연을 회상하였다. "저기 저 테이블에 허름한 복장을 하고 같이 식사를 하였는데 지금은 볼 수가 없어 아쉽다"하였다. 허영만 화백의 대표 작품 중 하나인 만화 '꼴'에 구본무 회장이 등장한다. '꼴'은 관상 즉, 얼굴을 주제로 그린 만화다.

구본무 외가를 방문한 스님이 마당에서 놀고 있는 구본무를 보고 "저기 저 아이는 누구인가. 돈 보따리가 굴러다니고 있구나. 머리가 알차다"하였다. 만화가 허영만은 꼴에서 부자의 얼굴 중 구본무의 얼굴상이 돈이 따라붙는 만석꾼, 재물복이 넘치는 얼굴이라고 하였다.

10) 구본무 회장의 소박함

구인회가 서울 반도상사 사무실을 방문할 때 합승차를 타고 출퇴근을 하였던 일과 회사 간부와 점심 약속을 하면 처마가 늘어진 허름한 음식점에서 식사를 하였다는 이야기는 널리 알려져 있다.

그리고 또 하나 회자되고 있는 내용이 아우 구태회가 국회의원으로 당선된 1950년대 후반 당선 감사를 표하기 위하여 진주를 찾아갔던 이야기이다. 진주 지인들을 만나 차를 마시고 커피 값을 계산하는데 다방 주인으로부터 5환을 거슬러 받아야 하는 입장이었다. 잔돈이 없어 다방 주인이 아래층 가게에 동전 교환을 하러 갔다. 구인회가 거스름돈을 받기 위해 계산대 앞에 서 있었다.

큰 회사인 럭키화학과 금성사 총수가 거지도 받지 않는 작은 돈 5환을 거슬러 받으려고 서 있는 것을 보고 지인들이 한마디씩 하였다. '부자는 푼돈을 아껴라'는 교훈을 준 거라는 의미 있는 해석을 남겼다.

앞서 이 책 2회에서 소개한 정연구 어르신의 회고 내용이다. 1960년대 후반 구자경의 큰 처남 하효준이 경영하는 '오성사'에 누님(구자경의 부인)이 방문을 하였다. 시아버지인 구인회 금성사 사장의 과거 이야기가 화제가 되었다.

"아버님이 해방 전 진주에서 포목점을 경영할 때였다. 1원짜리 돈이 포목 진열장 사이에 떨어졌는데 그 돈을 찾기 위해 아버님이 많은 시간을 들여 직접 무거운 비단 포목 묶음 수십 개를 옮긴 후 바닥에 떨어진 1원을 찾아 당일 회계 정리를 하였다"고 한다.

이 이야기를 들려주신 정연구 어르신은 구자경 부인 말씀의 깊은 뜻은 시아버지가 찾은 1원의 소중함이나 가치도 중요하지만 새로 설립된 '오성사' 경영에 있어 틀림없고 완벽하게 하여야 한다는 교훈적인 표현이었다고 하셨다.

구인회는 회사를 경영하면서 생각 없이 엄청난 돈을 내 놓지도 않았지만 그렇다고 남보다 못하게 내 놓지도 않았다. 필요한 곳에는 항상 조금씩 더 내며 "이거면 됐재?" 하고 배려하였다.

진주를 대표하는 도서관이 '진주 연암도서관'이다. 1968년 11월 당시로는 엄청난 규모의 자금을 지원하여 설립 후 진주를 위해 아무런 조건 없이 제공하였다. 연암은 구인회 회장의 호(號)이다.

구씨 집안의 소탈함과 세세함은 유전일까? 아들에 이어 손자까지 전이되었다.

구인회의 장손 구본무 회장도 평생 돈 보따리를 끌어안고 산 대기업 그룹 회장이지만 한편으로는 겸손하고 평범한 선비 같은 사람이었다. 무조건 20분 전에 약속 장소에 나가는 습관으로 유명했다. 음식점 종업원에게 만원짜리 지폐를 꼬깃꼬깃 접어 손에 쥐어주곤 했다.

매년 초, LG그룹 운동선수들을 대곡면 단목 외갓집에 불러 '선수 안전 기원제'도 개최하는 등 선수들에게 세심한 관심을 가질 정도로 구본무 회장의 후덕함과 인자함은 널리 알려져 있다.

골프장에 가면 직접 깃대를 잡고 공을 찾아다니며 캐디를 도와주었다. 옳은 일을 한 의인이 나타나면 개인 재산을 털어 도와주었다. LG 의인상을 제정하여 젊은이들에게 큰 영향을 미쳤다.

구본무 역시 구인회, 구자경 선대 회장처럼 유교적 가풍(家風)을 이어받았다. 10년 전 금융위기가 왔을 때도 단 한마디로 회사의 위기를 극복하였다. "어렵다고 사람을 내보내면 안 된다." 이 한마디에 감동을 받지 않을 직원이 있을까? 남과 다툴 일을 만들지 않았고 그 흔한 비리나 구설수 한 번 없었다. 언제나 나보다는 "저는" 하고 자신을 낮추고 아랫사람에게 말을 낮추지도 않았다.

경기도 광주에 가면 '화담숲'이 있다. 늘 전지가위를 가지고 다니면서 이곳저곳 정원을 관리하는 모습에 조경사로 여러 차례 오해를 받았다. 더운 여름, 의자에 앉아 휴식을 취하고 있는 탐방객을 보면 그 앞을 지나가다 손에 들고 있는 생수를 건네주는 소박한 모습에 LG그룹 회장이라는 것을 누구도 몰랐다고 한다.

11 _ 플라스틱 사업 구상과 공장 건립

효심은 그릇 안의 물보다 연약하지만 돈보다 더 강하다.

락희화학은 자체 연구를 통해서 새롭고 다양한 크림 제품을 계속 생산하였다. 이러한 노력이 모여 한국에서 생산되는 크림의 대표적 제품으로 자리잡고, '크림은 럭키, 럭키는 크림'으로 인식되었다. 호사다마인가? 뜻하지 않은 사건이 발생한다.

1) 깨어지는 크림통

해방 전후, 당시 국내 도로는 대부분 비포장도로였다. 특히 농촌 지역은 유달리 도로 사정이 좋지 않은 곳이 많았다. 물건을 차에 싣고 내릴 때 일일이 사람이 운반하기 때문에 부주의하거나 박스를 던지는 경우 크림통끼리 부딪혀 뚜껑이 깨지는 제품도 많았다. 이로 인해 크림이 반품되는 등 매출에 많은 영향을 주었고, 무엇보다도 럭키 크림의 명성과 이미지에도 좋지 않았다. 깨지지 않는 크림통 개발이 절실하였다.

요즘이야 플라스틱에 관해 풍부한 지식과 정보가 있지만 1950년대 전후 한국 경제력으로 볼 때 플라스틱 제품 생산은 매우 힘든 기술이었다. 아니 플라스틱이 무엇인지를 모르는 시기였다.

2) 플라스틱 크림통을 개발하다

구인회는 연구 개발을 담당하던 구태회 전무에게 깨지지 않는 플라스틱 크림통 개발을 연구하라고 지시하였다.

구태회는 부산 시내 모든 서점을 다니며 플라스틱 제품에 대한 정보를 찾았지만 쉽게 구하지 못하고 전전긍긍했다. 어느 날 우연히 이병철과 함께 삼성물산(주)을 설립하여 회사를 경영하던 조홍제 부사장을 만났다.

마침 조홍제 부사장이 일본에 출장 간다는 것을 알고 플라스틱 관련 책을 요청하였고, 조홍제는 일본에서 합성수지 제조 총서 6권을 구해서 구태회 전무에게 건네주었다.

구태회는 일본어 서적을 탐독하여 플라스틱의 실체를 파헤쳤다. 구태회는 일본 유학 경험으로 뛰어난 일본어 실력과 서울대학교에 입학한 수재였기 때문에 이해도와 분석 능력이 남달랐다. 얼마 후 모든 분석을 끝낸 구태회가 간단하고 명확하게 연구보고서를 만들어 구인회에게 설명하였다.

"형님, 플라스틱 제품의 생산은 폴리스틱이라는 '원료', 그리고 플라스틱을 찍어내는 '사출 성형기', 그리고 만들고자 하는 '금형', 이 세 가지만 있으면 무엇이든 만들 수 있습니다. 그리고 크림 뚜껑은 물론 플라스틱 빗, 비눗갑, 칫솔 등 일상생활에 사용되는 용품도 제작이 가능합니다."

복잡한 표현인 것 같지만 붕어빵과 붕어빵 틀을 생각하면 쉽게 이해되리라 생각한다. 금속으로 된 붕어모양의 틀에 반죽한 밀가루를 붓는다. 열을 가하여 익히면 붕어 모양의 빵이 만들어지는 원리이다. 이날 구태회의 보고는 락희화학이 화장품 제조 회사에서 플라스틱 사업으로 진출하는 연구 보고와 다름이 없었다.

3) 플라스틱 사업에 진출하다

미국에서 수입한 사출 성형기. 오리엔탈 상표로 빗과 비눗갑을 생산하였다. 〈LG역사관〉

1951년, 끝나지 않은 전쟁으로 혼란은 계속되었지만 구인회는 플라스틱 사업을 하기로 결심하였다. 공장설립 예산을 세워보니 엄청난 투자금이 필요하였다. 락희화학의 능력으로 이 정도 대규모 투자를 하는 것은 정말 쉽지 않은 상황이었다.

구인회가 새 사업에 대한 구상을 밝히자 직원들은 전쟁이 끝나지 않은 상황이고, 지금 화장품이 잘 팔리고 하니 여기에 집중하자며 반대 의견이 더 많았다. 구인회의 고민은 깊어만 갔다.

논어(論語)도 펼쳐 보았다. 이곳저곳에 자문도 구해 보았다. '안주하느냐, 도전하느냐' 참 어려운 결단이 필요한 시기였다. 오랜 고민 끝에 구인회는 임직원을 불러놓고 마음속 준비한 것을 밝혔다.

구인회는 "사업은 남이 하기 전에 먼저 시작하는 것이 중요하다. 전쟁이 끝나면 생활용품을 많이 필요로 할 것이다. 국민들의 생활이 편리해지는 것도 국가를 위하는 길이다. 그래서 나는 이 플라스틱 사업을 할 것이다. 남이 안 하는 것을 해라. 뒤따라 가지 말고 앞서 가라. 새로운 것을 만들어라." 구인회의 결심은 강하였다. 구인회의 단호한 결정에 락희화학 누구도 반대 의견을 제시하지 못하였다.

락희화학공업사에서 생산한 금형과 사출 성형 제품들. 〈LG 역사관〉

1951년 10월, 사출기와 금형, 원료 수입을 미국에 신청하고 부산시 범일동 884번지에 새 공장 터를 준비하고 공사를 시작하였다. 플라스틱 공장 설립 직원 업무 분장도 새롭게 하였다. 구정회는 부사장으로 자금과 공장 설립 총괄 기획, 구태회는 전무로 연구와 개발 업무, 허준구는 상무로 물품 대금 수금과 공장 건설자금 확보, 구자경은 이사로 공장 건설과 기계 조립 총괄을 맡았다.

이때 또 한 사람의 허씨 집안사람이 락희화학 경영에 참여한다. 허준구 상무의 형님이자 허만정의 차남인 허학구다. 구자경과 함께 공장 건설 업무를 담당하였다. 허씨 집안이 허준구에 이어 두 번째 구씨 집안과 동업에 참여한 것이다. 1952년 4월, 마침내 부산시 범일동에 락희화학 플라스틱 공장이 준공되었다.

4) 밀수품으로 오해받은 비눗갑

1945년 부산에 와서 락희화학공업사를 설립하여 크림을 생산하고 전쟁의 풍란을 겪은 후 7년 만에 제법 규모가 있는 플라스틱 사업에 진출하게 되었다. 럭키 크림에 이어 두 번째 생활용품의 생산이기도

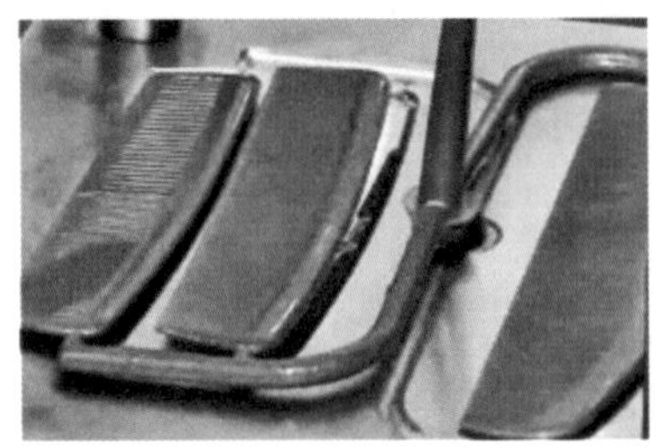
1952년 락희화학공업사에서 생산한 빗. <LG역사관>

하다.

공장은 200평 부지에 가공공장 9평, 표면 처리 및 금형 도장 공장 20평, 작업장과 사무실 12평, 총 41평의 건축면적이다. 락희화학 플라스틱을 생산하는 회사 초기 이름은 '동양전기화학공업사'로 설립되었다. 등기 명의는 구자경으로 등록을 하였다. 1952년 8월 미국에 발주한 사출 성형기가 10개월 만에 부산항에 도착하였다. 영어를 아주 잘하는 구평회가 설명서를 번역하여 한글로 조립 안내서를 만들고 이를 토대로 구자경과 허학구가 하나하나 조립을 하면서 기계 설치를 완성해 나갔다.

1952년 11월 동양전기화학공업사에서 처음으로 빗과 비눗갑을 생산하였다. 상표는 영어로 오리엔탈(ORIENTAL)이었다. '동양'이라는 의미이다.

동양전기화학공업사에서 생산된 제품이 시중에 많이 공급되지 않은 시기였다. 어느 날 경찰이 오리엔탈 비눗갑을 들고 가던 시민을 붙잡아 외국 밀수품이라며 압수를 하거나 밀수꾼으로 조사를 받아야 한다는 웃지 못할 일도 발생하였다. 비눗갑 외형이 한국에서 자주 보지 못한 것이었고, 영어 상표가 있으니 외제품이라 오해할 만도 하였다.

6·25 전쟁 이후 부산 국제시장의 한쪽은 '깡통시장'이라 불렸다. 미군들이 사용한 제품이나 일본에서 들어온 제품들을 판매하였다. 외제품이라면 너도 나도 갖고 싶어 하는 시기였다.

구인회의 국산 제품이 당당하게 국제시장의 진입 벽을 뚫고 들어갔다. 특히 칫솔은 군인들이 사용하는 군납제품으로도 품질 인정을 받았다. 구인회는 값싸고 쓰기 편리한 생활용품을 만들어 국민들의 생활에 만족과 보탬을 준 것에 대한 자부심과 보람을 느꼈다고 회고하였다.

5) 럭키 상표로 통일

빗과 비눗갑, 칫솔에 대한 주문과 알루미늄으로 만든 식기, 냄비도 주문이 많아 범일동 현재의 공장으로는 수요를 감당하지 못하는 상황이 되었다. 회사의 성장은 공장 증설은 물론 새로운 부서의 신설, 새로운 직원을 필요로 하였다.

부산시 부전동 515번지 일대 540여평의 땅을 구입하여 공장을 신축하였다. 구인회는 허학구의 자형으로 정미소를 운영하면서 기계에 밝은 이연두를 입사시켜 구자경, 허학구, 이연두 세 사람이 공장 증설과 운영 등에 전담토록 하였다.

이 시기에 구인회는 또 하나의 결심을 하였다. 플라스틱 사업의 전망을 예상하고 이 사업에만 집중하기 위해 락희화학의 효자상품이었던 화장품 사업이 경쟁이 심화되어가자 과감하게 사업을 정리하였다. 그리고 1955년 상표의 중요성도 인식하여 오리엔탈이라는 상표의 생산품도 모두 '럭키'로 통일하였다. 부전동 공장은 기존 냄비나 머릿빗, 비눗갑, 세숫대야 외에 알루미늄 쟁반, 구두창, 주방용 그릇 등이 추가 품목으로 생산되었다.

한편 락희화학공업사는 생산량이 주문을 소화하지 못하자 생산부서를 2부제로 조직하여 밤낮으로 근무하게 하고, 직원들을 위해 숙식을 해결할 기숙사까지 지었다. 기숙사에는 직원들 복리시설로 취

사장, 식당, 세면장, 목욕탕, 배구장 등을 설치하였다. 건강관리를 위해 주 1회 정도 직원 배구 경기를 하면서 임직원의 화목도 돈독하게 강화했다.

6) 허신구를 데리고 오라

1953년 7월 27일 휴전협정이 조인되고 이어 8월 15일 정부도 다시 서울로 환도되었다. 각종 정부기관이 부산에서 서울로 돌아가자 공장 운영 등 인·허가를 서울로 가서 받아야만 하였다.

업무상 여러 가지 어려움이 많아 구태회 전무가 서울에 지사 사무실을 개설하였다. 락희화학 서울 사무소가 안정이 되자 부족한 일손을 메울 직원이 필요하였다. 구태회 전무가 구인회에게 직원 요청을 하자 구인회는 허만정의 넷째 아들인 허신구를 추천하였다. 당시 부산대학교를 졸업하고 조선통운에 근무하고 있을 때였다. 허신구의 업적은 실로 대단하다. 12회에 상세하게 기록을 남겼다.

구인회는 원자재 수출입을 원활히 하기 위해 1953년 11월 락희화학 서울 사무실을 무역업 전문으로 하는 '락희산업 주식회사'로 법인 전환하고 사장으로 취임하였다. 1956년 4월 반도상사 주식회사로 상호를 변경하였고 1962년에는 첫째 동생 구철회가 사장으로 취임하였다.

1968년 2월에 허준구가 사장으로 취임을 하면서 구인회를 회장으로 대외 공시를 하였다. 그 후 럭키금성사, LG상사, LX인터내셔널로 사명이 바뀌어 현재에 이르고 있다. 이 시기 호남정유 공장 설립도 진행되면서 구인회는 대표기업인 락희화학과 금성사 등 계열회사 전체를 관리하는 그룹 체제로 보강하여 1969년 2월 그룹 본부를 부산에서 서울로 이전하였다.

앞서 소개한 락희산업(주)는 무역일만 하는 것이 아니라 락희화학공업사 생산품인 빗, 비눗갑 등의 시장 개척업무와 럭키 상표의 홍보 업무까지 해야 했다. 제품 판매 지역이 늘어나자 락희화학공업사는 전국적으로 영업망을 확대해 나갔다.

이 시기 구인회의 둘째 아들 구자승이 대학을 졸업하고 입사하여 경리담당 업무를 보았다. 구자승은 60년대 효자 수출품의 하나였던 가발 제조업에 관심을 가졌다. 반도상사가 가발 사업에 참여하기 위해 1968년 부산 연지동에 가발 공장을 신축토록 한 당사자이다.

7) 락희화학의 다양한 생산 제품

1954년에는 부산 부전동 공장도 생산 시설이 부족하여 2공장 증설이 필요하였다.

부산 연지동에 2,200여평의 대지를 구입하여 건평 651평의 공장을 건설하였다. 1955년 1월에 준공된 연지동 공장은 한국 플라스틱 공업과 생활용품 사업을 본격적으로 일으킨 역사적인 터이다. 2공장 증설로 인하여 락희화학공업사는 플라스틱 제품 외 비닐류와 최초의 국산 치약인 럭키 치약도 생산하였다.

전쟁 후 복구사업을 하는 시기에 락희화학은 국내 대표 제조업을 하는 기업으로 한 발 더 나아갔다. 이한구 교수는 '한국 재벌 형성사'에서 1955년 자본금 기준 삼양사, 대한석탄공사, 한국산업은행에 이어 4번째 큰 기업이 락희화학공업사라 하였다.

이 시기 구인회는 부산 연지동 공장 근처에 집을 지어 이곳에서 1967년 서울 원서동으로 이사 가기 전까지 거주하였다.

국내 최대의 화학제품 생산업체로 부상한 락희화학공업사의 1950

년 후반 생산품목은 비닐시트, 필름, 시트 합판물, 스펀지, 레자, 브러시, 칫솔, 치약, 잡화류, 문방구류, 완구류, 조화류, 포장용 필름, 농업용 필름, 경질판, PVC 파이프, 전선 피복, 진공성형 제품 등 무려 수십여 종류이다.

락희화학의 성공 요인은 형제 경영의 신속성과 일사불란한 장점, 한국 전쟁 이후 생필품의 부족 시기와 국산품 애용 운동, 6·25 전쟁 중 부산에 위치한 공장의 피해가 전무하였고, 불필요한 자본의 지출이 없었던 점, 그리고 생산된 제품이 생활필수품으로 엄청난 판매량이 뒷받침 되어준 점 등 여러 가지가 있다.

8) 진주 출신의 6선 국회의원 구태회

깨지지 않는 크림통 개발은 구태회 작품이다. 훗날 구인회 6형제 중 유일하게 정치권에 진출하여 국회부의장과 무임소 장관을 지냈다. 일본 유학 시절인 1944년 1월 20일 일본은 특례법을 제정하여 구태회처럼 능력 있는 조선 유학생을 강제 동원하여 학병 입영을 시켰다.

구태회 외에 당시 강제 징집된 유명 인사로 김수환 추기경, 평양에 배치된 후 단체로 탈영을 시도하다 실패로 고초를 겪은 조영식 전 경희대학교 총장, 포항제철 회장과 국무총리를 지낸 박태준, 그리고 관부연락선과 지리산을 쓴 작가 이병주도 와세다대학 재학 중 학병에 동원되어 중국 소주까지 갔다가 귀국하였다.

박태준 회고록 내용이다. '재일조선인 유학생이 학병의 길을 피하는 방법은 일본을 떠나는 것이다. 안타깝게도 윤동주 시인이 피신하지 못하고 체포되어 1945년 2월 후쿠오카 감옥에서 생애를 마쳤다. 또 하나는 합법적으로 일본에서 벗어나는 법으로 신학도이자 윤동주의 친구인 문익환이 일본인 신학교 교장을 설득하여 만주로 빠져나갔다. 어쩔 수 없이 학병으로 끌려간 분들은 현장의 병영에서 탈영을 하였는데 대표적인 분이 장준하 사상계 대표이다.'

9) 플라스틱으로 만든 훌라후프의 인기

1950년대 초 오스트레일리아에는 훌라후프라는 둥근 테를 만들어 허리에 걸고 돌리는 놀이가 유행하였다. 훌라후프는 플라스틱 튜브로 만든 것인데 이 제품이 미국에 소개되면서 전 세계에 알려진 놀이형 운동기구가 되었다.

1957년 말, 미국에 출장을 갔다가 훌라후프를 가지고 운동하거나 놀이를 즐기는 것을 우연히 본 구평회가 몇 개 구입하여 귀국하였다.

락희화학에서 만들어 판매하였는데 도시, 농촌, 남녀노소 구분 없이 전국 곳곳이 훌라후프 열기가 대단하였다.

훌라후프는 허리에 두르고 엉덩이를 좌우로 흔들며 돌린다. 이 모습이 그 당시에는 보기가 조금 민망하였다 하여 문교부 장관이 훌라후프를 돌리는 행위는 장기가 꼬이는 등 건강에 해롭다고 훌라후프 사용에 제동을 걸 정도였다. 이러한 상황이니 그 당시 인기를 어떻게 표현할까?

10) 그때는 이런 일도, 플라스틱 파리채

'그때 그 시절'과 관련된 필자가 겪은 추억 몇 가지를 옮겨본다. 지금도 시골장터나 도시내 재래시장 점포에 가면 주인 자리 옆에 당당히 한자리를 차지하고 있는 파리채를 종종 볼 수 있다. 지금은 모터에 연결되어 회전하는 파리채가 많이 있지만 파리를 잡는 것이 아니라 쫓아내는 형태이다.

필자가 초등학교 다닐 때의 기억이다. 필자가 거주한 진주 상봉동 주택은 본채 외 대문입구에 방 2개와 부엌이 있었다. 부모님은 생활에 도움이 되고자 문간방을 전세, 사글세를 놓은 적이 있었다. 진주고등학교, 진주여자고등학교 인접이라 세입자 구하기는 어렵지 않았지만 공부만 하는 자취생보다 조금 더 방값을 받을 수 있기에 부부에게 세를 놓았다.

당시 중년 부부 세입자는 각종 플라스틱으로 만든 제품과 소쿠리, 알루미늄으로 만든 그릇 등 여러 가지 생활용품을 취급하는 만물 그릇 장사를 하는 분이었다. 리어카 높이보다 몇 배나 쌓아 인근 5일장이나 골목을 다니며 장사를 하였다.

어느 날 파리채 생산공장에서 말랑말랑한 재료로 만든 플라스틱 파리채를 도매로 수백 개나 구입해 왔다. 대문 앞에 펼쳐놓고 10개씩 노끈으로 포장을 하는데 도와 드린 적이 있다. 그 많던 파리채를 한 달도 되지 않아 도·소매 가게에 다 팔았다고 하였다. 당시 고무 같은 말랑말랑한 플라스틱으로 만든 파리채의 아이디어도 획기적이었다. 파리채는 전 국민 1가구 2개 이상 보유하였다고 하니 얼마만큼 가정에 필수품이었는지 짐작이 갈 것이다. 어느 날 만물 그릇 장사 아저씨가 일찍 장사를 끝내고 귀가하여 아버지에게 주인집 아들이 도와주어 고맙다며 막걸리를 한 사발 대접하였다. 그리고 "주인 아재, 월급이 얼마냐"고 물었다. 면사무소 호적계장을 지내셨던 아버지께서 머뭇거리며 대답을 하시니 "아이고 주인 아재, 월급이 그것밖에 안되나? 내 그릇 장사하면서 한 달 만에 아재 월급 1년 치 벌었다" 하시며 은색으로 덮은 치아를 드러내고 기분 좋게 웃던 그 모습이 생각난다.

문간방에 세를 든 아저씨는 아침에 산 높이만큼 실은 수레를 저녁 때는 빈 수레가 되어 귀가할 정도로 장사 수완이 좋았다. 그릇 장사를 부지런히 하시더니 얼마 지나지 않아 우리 집에서 멀지 않은 곳에 당시로는 부자의 상징인 타일을 붙인 집을 사서 이사를 갔다. 지금 생각해 보면 그때의 수입이 추측되고 그 당시의 그릇과 판매 제품 대부분이 락희화학 제품이거나 삼영화학 회사 제품이 아닐까 하는 생각도 가져본다.

11) 한 여름밤의 망상

시골 장터 식당에 가면 밥과 반찬 등을 둥글한 쟁반에 담아 들고 오는 풍경도 볼 수 있다. 발(다리)이 3개인 알루미늄으로 만든 밥상은 자취생의 필수품 중 하나로 때로는 책상이 되기도 한다. 논이나 밭에 새참을 담아 가는 그릇은 대부분 플라스틱 소쿠리로 만든 것이 사용되었다.

지금 LG그룹의 사세나 명성을 볼 때 플라스틱 그릇과 세숫대야, 비눗통을 팔았던 회사라는 이미지가 연결이 될까? 이병철 삼성그룹 창업주 회장도 초기에 국수나 사이다를 판매하였다. 조홍제 효성그룹 창업주도 처음에는 오징어를 싣고 홍콩에 가서 무역 시장을 개척하였다. 이러한 사실을 후배 창업주들은 꼭 새겨 두어야 할 내용이라 생각한다.

필자가 경험한 또 다른 이야기이다. 아주 오래전에 어머니께서 아버지 와이셔츠를 다림질할 때 사발에 있는 물을 마시고 셔츠 위에 '푸우, 푸우' 하면서 내뿜었다. 그 물이 물보라가 되어 셔츠에 뿌려지면 숯불에 달군 다리미로 옷을 다렸다.

1970년대 초, 여름밤이면 참기름 병 크기에 액체 약품을 넣고 뚜껑에 입을 대어 모기장 안에 '뿌, 뿌' 불었다. 냄새가 날아간 후 모기장 안으로 들어가 수면을 취하는 형태로 파리, 모기와 여름밤 내내 한바탕 소란을 치렀다. 그때는 입으로 모기약을 뿜는 것이 비위생적이라는 개념을 알지 못하였다. 이 일은 단순한 것이기에 단지 키가 작고 나이가 어려 모기장을 벽에 고정시키지 못하는 막내아들의 몫이었다.

당시 필자가 낮에 가지고 놀았던 물총의 원리를 응용하여 손으로 쉽게 사용하는 다림질 분무기나 모기퇴치용 분무기를 개발하였다면 생활 속의 필수품이 되었을 것이다. 당시 조금만 더 적극적인 관심을 가져 특허를 내었다면 큰 부자는 아니어도 넉넉한 부자는 되지 않았을까 하는 철없는 생각도 가진다.

12) 플라스틱 만능통

필자의 어린 시절, 필자 나이쯤 되는 분은 상봉동 '허약국 네거리' 하면 기억하시는 분도 많을 것이다. 이곳에서 멀지 않은 길 건너 대중목욕탕인 도원탕 부근이다. 추정 되는 구인회의 상봉동 고택과 봉 알자리가 2~3분 거리에 있다.

흐름한 건물에 빨간 고무통을 만드는 소형공장이 있었다. 그때 동네에서는 이 고무통을 '고무다라이' 혹은 '고무대야' 라고 하였다. 공장이 협소하여 몇 가지 공정은 길에서 하였다. 학교 수업이 끝나고 집으로 오는 길에 만드는 과정이 재미있어 그 장면을 오랫동안 본 적이 있다.

간단한 원리였다. 밀가루 반죽처럼 된 빨간 플라스틱 재료를 금속틀 위에 놓고 절구 같은 것으로 위에서 누르니 하부에 있는 금속통에 들어갔다가 잠시 후 다라이 형태로 올라왔다. 굳어지기 전에 재빨리 주머니칼로 쓱쓱 돌려가면서 끝마무리를 하니 보기 좋은 둥근 빨간통이 만들어졌다. 이렇게 만든 통은 집에서 김장을 할 때 쓰거나 빨래를 할 때, 목욕탕 그릇 등 만능통으로 활용되었다. 가정마다 대, 중, 소 하나씩 구입하여 다양하게 사용한 기억이 있다.

세월이 수십 년 지났다. 제품을 생산하는 회사도 달라졌지만 최근에도 겨울 김장을 할 때 이 빨간통은 김장 양념만큼 없어서는 안 될 꼭 필요한 도구로 자리매김하고 있었다.

12 _ 럭키 치약과 하이타이, 그리고 …

사업에는 행운이 작용하는 경우가 많다.

찾아온 행운을 놓치지 않으려면 준비가 되어 있어야 한다.

락희화학공업사 창업 이래 멋지게 성공한 제품이 많이 있다. 락희화학의 대표상품인 럭키 치약, 비누, 합성세제 하이타이 등 이와 관련하여 일반에 잘 알려지지 않은 이야기를 정리해 보았다.

1) 럭키 치약의 탄생 배경

1950년대 한국의 치약 시장은 동아특수화학의 다키 치약, 계림화학의 진주 치약 정도가 국내산 고체 치약으로 생산 판매되고 있었다. 하지만 시장에서 가장 판매가 많은 제품은 '콜게이트'라는 외국산 제품이었다.

락희화학의 치약 개발 동기는 아주 간단하다. 락희화학의 칫솔 도매상을 하던 상인이 칫솔을 팔면 실과 바늘처럼 치약이 필요한데 왜 만들지 않느냐는 요구에서 치약 개발을 시작하였다.

치약은 매일 조금씩 사용하는 소모품으로 치약 시장 진입 시 수익이

충분하리라 판단하였다. 치약은 치아를 닦아주면서 입안의 음식 찌꺼기를 청소하는 것이 주 용도이다. 따라서 입안에 들어가는 것이기 때문에 인체에 해롭지 않은 물질로 만들어야 하는 복잡한 성분의 결합이 필요하다.

구인회 사장은 치약을 개발하더라도 '버터 먹는 서양 사람 치약이 아닌 김치 먹는 한국 사람 기호에 맞는 치약'을 만들도록 지시하였다. 그 결과 한국인의 미각과 촉각에 너무 자극적이지 않고 밋밋하지도 않은 향료를 넣는 것이 좋다고 생각하였다. 박하의 일종인 스피아민트 향을 첨가하여 1954년 10월 '럭키 치약'을 최초로 출시하였다.

2) 치약 판매 전략

일반 소비재 제품이 처음으로 시장에 진입할 경우 치밀한 판매 전략이 필요하다. 구자경 상무의 회고이다. 1955년 광복 10주년을 기념하는 산업박람회가 서울 창경원(창경궁)에서 개최되었다. 무료입장이라 박람회 기간 중 수많은 사람이 올 것으로 예상하고 무료로 치약을 나눠주며 홍보하자는 아이디어를 제안하였다. 지금이야 무료 시식회 등 행사가 많지만 당시에는 아주 특이한 홍보 전략이었다.

락희화학에서 생산한 제품. 럭키 치약, 주방세제 퐁퐁, 럭키 크림 비누. <LG 홈페이지>

구자경 동생 구자두는 치약 광고탑을 만들어 시민의 주목을 받는 아이디어를 도입하였다. 청소년과 여성 고객을 위해 '컬러 칫솔'을 개발하여 판매량을 증가시켰다. 유명한 상품이 되면 이름을 도용하는 업체도 생기게 마련이다. 락희화학은 1955년 9월 치약 이름을 '럭키 치약', 영문으로 'LUCKY'로 상표 등록을 하였다.

1957년 1월 1일자 국제신문에 실린 럭키 치약 광고이다.

"미제와 꼭 같은 치약, 서울 미도파 백화점, 부산 미화당 백화점에서 판매합니다."

3) 럭키 치약 개발의 주역 구평회

락희화학이 치약을 만드는데 초기 자료를 수집하는 등 결정적 역할을 한 분이 구인회 6형제 중 다섯째인 구평회이다. 당시 락희화학 뉴욕 사무소장을 하면서 미국의 치약 회사를 모두 다 찾아가 원료, 기계, 기술 등 많은 자료를 수집하여 구인회와 구자경에게 보냈다. 이 자료를 바탕으로 럭키 치약이 탄생하였다. 호남정유 회장을 지낸 구평회와 관련 언론에 소개된 인상 깊은 명언이 있다.

"남보다 한 발만 나가면 세상이 다르다." 락희화학 미국 뉴욕 사무소 근무를 할 때 미국 사회와 기업을 보고, 한국도 선진 국가의 빠른 경제를 배워야 한다고 하였다.

"중용의 덕을 살리고 서로 존경하고 인화하는 철학을 알아라, 조그마한 것은 접어 두고 기본으로 가면 아무 문제가 없다." 허씨와 장기간 동업에 아무런 마찰이 없는 질문에 대한 대답이다. 어떠한 마음가짐으로 서로 협업하였는지 알 수 있다.

"큰일은 그런 식으로 하는 것이다. 그렇지 않으면 이리저리 얽혀서 어려워진다. 가지려면 어려워지고, 버리면 더 큰 게 생기는 거다."

LG그룹과 GS그룹으로 계열 분리를 할 때 호남정유를 허씨 집안에 양보한 마음가짐을 보여준 사례이다.

4) 럭키 비누 생산

1959년 3월에는 락희유지공업 주식회사에서 '럭키 비누'를 생산하였다. 이 시기를 전후로 애경, 동산, 무궁화 등 여러 비누 제조회사가 생기면서 생활용품인 비누가 본격적인 경쟁 체제로 진입하게 되었다. 락희유지는 1960년 4월에 무지개, 크로바, 비너스 상표를 가진 화장 비누와 세탁 비누를 고급화하여 생산하였다. 칫솔을 만들었으니 치약을 만들고, 비눗갑을 만들었으니 비누도 만들어 다양한 제품을 세트로 구성하여 설, 추석 명절 대표 선물로 또 한번 명성을 날렸다. 명절 선물은 먹는 선물이라는 공식을 깨트린 선물 세트였다.

한국에서 비누를 비롯한 유지 제품과 세제 제품의 생산 경쟁은 사실 치열한 경쟁과정을 거쳤다. 1960~70년대 부산의 대표적인 비누회사는 '천광유지'였다. 1966년 비누를 생산하였는데 이 해가 '백말띠 해'였다. 세탁 비누를 많이 사용하는 여성들에게 '말표 세탁 비누', '밍크 비누'로 주부들에게 역발상의 광고로 접근하여 아주 높은 인기를 누렸다.

1966년 11월에는 우리나라 최초의 주방세제인 '트리오'를 애경유지에서 출시하였다. 식기는 물론 바로 먹을 수 있는 야채와 과일 세제용으로 사용

1950년대 차량을 이용한 광고. 〈LG 홈페이지〉

할 수 있게 되자 주방에 일대 혁신을 가져온 공전의 히트 상품이 되었다. 1967년이 되자 말표 세탁 비누를 생산한 천광유지도 '뉴스타'라는 주방세제를, 락희유지공업에서도 '에이퐁'을 생산하면서 주방까지 생활용품 전쟁이 시작된 시기이다.

5) 허신구 기록 1, 합성세제의 대명사 하이타이

락회화학에서 국내 최초로 생산한 세제 하이타이.

락희화학에서 생산한 세제의 대명사로 불리는 '하이타이'의 표현을 달리 해석하면 '안녕 태국'이다. 하이타이의 이야기는 태국에서 시작한다.

바늘이 있으면 실이 필요하듯 세탁기가 있으면 세제가 있어야 한다. 세제를 말하면 하이타이를 말하고, 하이타이가 있으면 뚝심의 부산 사나이 '허신구'가 있다. 부산대학교를 졸업하고 조선통운에 근무하고 있던 허신구를 구인회가 전 직장에 사표도 내기 전에 락희화학에 발령을 낼 정도로 인정을 받은 허만정의 넷째 아들이다.

1960년대 초반은 한국이 6·25 전쟁의 후유증과 경제 분야 인플레이션에서 조금씩 탈피하는 시기였다. 그러나 생활필수품을 중심으로 한 경공업 위주 생산이 대부분이었고 이것마저도 미국의 원조로 생산되는 여전히 낙후된 경제체제였다.

1962년 허신구 상무가 동남아 출장을 다녀온 뒤 업무보고를 하였다.

"태국 방콕의 어느 강가에서 보았는데, 이상한 가루를 물에 섞으니 거품이 많이 나더라. 태국 여성이 거품 난 큰 그릇에 옷을 넣고 씻었는데 옷에 때가 말끔히 빠지는 것을 보았다. 무엇인지 물어보니 합성세제라 한다."

당시 한국에서 빨래를 할 때는 양잿물에 끓이고 방망이로 두드리고 비틀어 짜는 재래식이었다. 추운 겨울에 비눗물도 녹지 않아 찬물에 빨래하는 것을 안타까워한 허신구는 태국에서 본 합성세제를 한국에서도 만들어 여성들의 가사 고통을 덜어주자고 제안하였다.

락희화학 임원들은 한국에 아직 전기세탁기가 보급되지 않았으니 좀 더 미루자고 하였다. 그리고 락희화학이 세탁 비누를 생산하여 수익이 많은데 합성세제를 생산하면 세탁 비누 수요가 줄어든다며 허신구 상무의 제안에 동의하지 않았다.

그 후 1964년, 금성사가 전기세탁기 개발에 착수하자 합성세제의 필요성이 다시 거론되었다. 칫솔을 만들 때 치약이 필요하듯 세탁기를 개발할 때 합성세제도 병행해서 생산하여야 한다는 이치를 허신구가 다시 제안하였다. 마침 정부도 세탁 비누를 중소기업 육성 품목으로 분류하자 대기업 생산업체는 세탁 비누 사업 철수를 밝혔다. 구인회 역시 허신구가 저렇게 집념을 가지고 있으니 나름대로 소신이 있을 것이라 인정하고 추진할 것을 승인하였다.

한편 락희화학이 내부적 결정이 늦어 망설이는 동안 경쟁회사인 '애경유지'가 합성세제인 '클린업' 생산을 위해 차관 자금을 받아 미국에서 기계 설비를 발주해 놓은 상태였다. 락희화학은 합성세제 공장건설이 애경유지보다 늦어질 것으로 보이자 허신구 상무는 시장 진입이 늦으면 불리하니 생산에 앞서 먼저 선전부터 하는 게 효과적일 것이라 판단하였다. 경쟁사를 견제하고 소비자에게 강한 이미지를 주기 위해 생산도 하기 전에 제품 광고 선전을 기획하였다.

치약과 비누 광고 경험이 있어 이를 바탕으로 생산 6개월 전 소비자 광고를 먼저 시작하였다.

판촉 활동도 광고료가 비싼 TV, 라디오 대신 신문과 잡지에 광고를 하였고 또다른 방법으로 동네 가게들을 직접 방문하였다. 도시 주변은 화물 트럭에 스피커를 달고 주택가 골목을 누비고 다녔다.

광고나 아이디어가 제대로 보편화되지 않은 시점에 독특한 광고 전략으로 아직 생산되지 않은 락희화학의 '하이타이'는 제품보다 상표를 먼저 알려 당시 기업계의 화제가 되었다. 마침내 1966년 4월, 안양 공장에서 국내 최초 합성세제인 '하이타이'와 '뉴히트'가 출시되었다. 하이타이는 합성 섬유 세탁용이고 뉴히트는 견직물, 모직제품 세탁용 세제이다. 1967년 7월에는 주방용 세제 에이퐁과 크림샴푸 등을 생산하였다.

2022년 11월 4일 경상국립대학교가 주최한 기업가정신 팸 투어 실시 때 강사로 참여하였다. 승산리 구인회, 허준구 생가와 고택을 설명하는 과정에 참가자 한분이 수십년 전 서울 제일은행에 근무할 때의 이야기를 들려 주었다.

"허신구라는 분이 은행에 와서 럭키화학 수출입 관련 서류를 처리하면서 도장을 찍고 말씀을 나눈 기억이 있는데 혹시 그때 럭키화학의 허신구가 지금 승산리의 허신구일까요" 하고 필자에게 질문도 하였다.

필자는 직감적으로 허신구가 서울에서 근무할 때 있었던 것으로 추측하였다. 그리고 질문자에게 가능하면 은행 자료실에 이야기하여 그때의 문서가 보관되어 있다면 복사를 하여 기록으로 남길 수 있도록 도와 달라고 요청하였다. 필자의 창업주 이야기는 기록에 대한 열정을 넘어 집착인 것 같아 스스로 쓴웃음을 짓는다.

6) 하이타이 주세요

제품 판매가 시작된 후 주부들이 사용법을 잘 모른다는 민원 전화에 락희화학 영업사원이 주택가 골목 빈터에 주부들을 모아서 하이타이 세탁방법을 직접 시범으로 보여주기도 하였다.

세탁비누와 세척력을 비교해 보이는 영업 활동으로 럭키제품은 세척력이 좋다는 입소문이 금방 나면서 주부들이 마트나 시장에 가서 "합성세제 주세요" 혹은 "합성세제 하이타이 주세요"가 아닌 그냥 "하이타이 주세요" 하면 무엇을 말하는지 종업원과 의사소통이 되었다.

커피에 넣어 마시는 '크림' 이름 대신 "프리마 주세요" 하듯이 "하이타이 주세요"로 상품 이름이 특정용품 대명사가 된 유명한 상품이 되었다. 이 시기 금성사에서는 그 유명한 백조 세탁기가 개발되어 상호보완 제품으로 상승효과가 더 탄력을 받았다. '빨래는 쉽게, 옷은 빛나게!' 1970년대 하이타이 광고 문구가 지금도 기억난다.

하이타이 이름은 락희화학 공채 1기로 1957년 입사한 홍종우 전 고문의 회고에 잘 설명되어 있다. 1966년 초, 하이타이 시제품이 생산되기 전 제품명 제작 사내공모를 하였다. 당시 외국에서 수입된 합성세제로 타이드라는 것이 있었다. 타이드에 높다는 뜻의 하이(Hi)를 연결하여 '하이타이'라는 이름이 탄생되었다.

7) 허신구의 기록 2, 창틀의 대명사 하이새시

허신구는 하이타이 전설만 만들지 않았다. 박창희의 저서 '허신구평전'에 소개된 내용이다.

앞서 소개한 내용으로 애경유지에서 1966년 11월 최초의 주방 세제 트리오를 출시하였다. 이 세제로 식기뿐 아니라 야채나 과일까지 세척 가능한 제품이라 하여 여성의 가사에 일대 혁신을 가져왔다. 락희유지도 1967년 7월 '에이퐁' 세제를 생산하는 등 연구 개발을 중단하지 않았다.

경쟁은 지금보다 더 나은, 더 우수한 제품을 생산하였다. 1985년에는 하이타이보다 한 단계 더 높아진 제품으로 탤런트 김희애가 광고한 '한스푼' 등이 생산되어 노동시간의 단축은 물론 생활환경까지 일대 변화를 가져왔다.

1971년 3월 허신구가 락희화학 사장으로 발령이 났다. 시대의 흐름을 읽고 시장의 요구를 정확히 간파한 허신구 사장이 두 번째 신화를 만든 제품이 바로 '하이새시 개발'이다. 새시는 창틀에 이용되는 건축재다. 나무는 강도가 약하고, 철재는 녹이 슬고, 알루미늄은 가공이 쉽고 가볍지만 단열 성능이 약하다. 이러한 문제점을 한꺼번에 해결한 것이 1976년 9월 럭키가 국내 최초로 개발 출시한 폴리염화비닐 창틀 '하이새시'이다. 새시는 창호재의 고유명사처럼 쓰이고 하이새시는 창호제품의 대명사로 불린다.

8) 플라스틱의 종류

합성수지는 한마디로 플라스틱이라고 하면 이해가 쉽다.

외관상 송진과 비슷하여 합성수지라 부른다. 1868년 미국인 하이엇이 코끼리 상아로 만든 당구공의 대체품으로 발명한 셀룰로이드가 세계 최초이다. 이런 합성수지에 성형하기 좋다는 뜻의 그리스어 플라스티코스에서 유래한 플라스틱이라는 이름이 붙여졌다. 가소성 합성수지는 가열이나 가압을 하여 성형이 가능한 재료이다. 일상에 사용하는 플라스틱으로 잘 깨지거나 폭발하는 성질이 없다. 착색이나 조형이 자유로워 다양한 일상생활용품 제작에 많이 사용한다.

열가소성수지는 열을 가할 때 부드러워졌다가 식으면 단단하게 굳는다. 그러나 열을 다시 가하면 형태가 변경된다. 집에서 사용하는 플라스틱 바가지를 연상하면 된다. 이 바가지는 열을 가하면 형태가 쉽게 변형이 된다. 그러나 열이 식으면 변형된 상태에서 다시 단단해진다.

열경화성수지는 열을 가하여 형태를 만든다. 열이 식은 후에는 다시 열을 주어도 형태가 변경되지 않는다.

일상생활 속 합성수지 폴리에틸렌(PE)은 각종 플라스틱 약품통, 용기 스프레이 로션 용기, 손 소독 분무기형 용기에 사용한다. 폴리스티렌(PS)은 스티로폼을 압축한 매트, 가전제품 속 보호포장 재료이다. 시장에서 생선이나 냉동식품 구입 시 아이스박스 용기로 쓴다. 폴리염화비닐(PVC)은 그냥 비닐이라 하며 수도 호스나 여행 가방을 만든다. 아크릴로니트릴부타디엔 스티렌수지(ABS)는 아주 단단하여 현장 공사장 헬멧, 자동차 펌프에 사용한다.

폴리아미드(PA)는 나일론에 유리섬유를 배합, 자동차 경량화에 사용한다. 폴리카보네이트(PC)는 충격에 강해 여행용 캐리어에 사용한다. 폴리에틸렌(PET)과 테레프탈레이트(PETE)는 폴리에스터라 하며 1회용 물병에 많이 사용한다.

9) 시민 위안 대잔치

1961년 9월, 부산에서 제1회 부산 시민 위안 재건풍년제가 개최되었다. 락희화학이 후원을 하고 문화방송이 주관을 한 부산 시민을 위한 대규모 위안 잔치이다. 당시 구자두 부장의 아이디어이다.

'공설운동장에 유명한 가수, 배우, 코미디언, 교향악단이 와서 공연을 하고 농악한마당을 펼치면 흥겨운 하루를 보내기 위해 많은 사람이 모여 올 것이다. 이때 행사장에 모여든 시민에게 금성사와 락희화학 생산 제품을 추첨을 하여 나누어 주면 모두가 좋아할 것이다.' 구자경 전무가 전적으로 동의를 하였다. 락희화학과 금성사를 부산에서 이만큼 키워준 것에 대해 부산 시민에게 은혜를 갚는 것으로, 락희화학과 금성사는 이 행사 후원기업으로 참여하였다.

특별한 볼거리나 TV도 없던 시절, 말로만 소문으로만 듣던 가수와 배우들이 와서 노래 부르고 춤추는 것을 본 시민들의 즐거움은 이루 말할 수 없었다.

금성사 제품과 락희화학 플라스틱 제품, 락희유지 비누 제품 등 추첨을 통해 대부분 시민이 한 가지 이상 경품을 가지고 귀가하였다.

기대 이상의 성공을 거두었다. 이 행사를 통해 부산에 락희화학과 금성이라는 상표를 알리고 제품 이미지를 높이는데 크게 기여하였다. '부산에 락희화학이 있습니다. 락희화학은 부산에 있습니다.' 어느 것이 주제어가 되어야 할지 구분이 힘들 정도로 락희화학의 존재감은 더 높이 올라갔다.

10) 이승만 대통령과 락희화학 머릿빗

머릿빗의 기적! 락희화학에서 국내 최초 합성수지로 생산한 '오리엔탈 상표' 빨간색 플라스틱 빗이 얼마나 인기 있었는가를 추측하는 일화가 있다.

1952년 락희화학공업사는 국내 최초로 사출 성형기를 도입하였다. 이때 생산된 머릿빗은 국무회의 때 이승만 대통령에게 보고 될 정도로 신기술 제품이었다. <일러스트 김문식>

이재형 상공부 장관이 경무대에서 국무회의를 할 때였다. 플라스틱 빗을 이승만 대통령에게 내놓으면서 "각하, 이 플라스틱 제품 빗이 우리 기술로 만든 것입니다. 부산에 있는 락희화학에서 생산한 것입니다"라고 하였다.

이승만 대통령께서 이 빗을 보고 흐뭇해 하시면서 "이 장관, 그 빗을 나에게도 하나 주시오"하였다. 경무대 국무회의에 락희화학공업사가 플라스틱으로 만든 가로 13㎝, 폭 3㎝ 크기의 머릿빗이 그날 회의의 중심이었다. 이 일화는 락희의 자부심을 대신하는 것이 아닐 수 없다.

이재형은 제헌의원을 거쳐 1952년부터 1953년까지 상공부 장관을 하였다. 그 후 7선의 국회의원으로 국회의장까지 지내셨다. 이재형 의원이 일본 출장 중 호텔 방을 구하지 못하자 구인회 회장의 호텔 방에서 두 분이 함께 보낸 인연도 회자되고 있다. 1980년대 말, 대학을 갓 졸업한 필자가 비서로 1년 남짓 함께 생활한 인연이 있다.

13 _ 전자 사업에 도전, 금성사 설립

남이 안 하는 것을 하라. 착수하면 과감히 하라.

잊혀지지 않는 광고 문구가 있다. 이 광고 문구로 인하여 이 회사의 이름을 평생 잊지 못할 것 같다.

"순간의 선택이 10년을 좌우합니다. 기술의 상징 금성."

이 광고의 주인공인 금성사는 1958년 10월에 설립되었다.

구인회가 창업한 제조업은 1947년 설립한 락희화학공업사이다. 화장품 크림 생산에 이어 1952년부터 빗, 칫솔 등 플라스틱 가공품을 생산하였다. 마침내 10년 만에 과감한 변신을 시도하고자 전자 사업에 도전을 하였다.

1) 갈등, 만족이냐 도전이냐

합성수지 가공은 비닐시트에서 PVC 파이프, 비닐장판, 폴리에틸렌 필름, 스펀지 등으로 농촌의 농업 현장, 도시와 가정의 산업 현장 등 가릴 곳 없이 필수제품이 되었다. 락희화학의 생산 제품이 국내 플라스틱 시장의 70%를 차지할 정도였다.

사출 성형기는 '돈 찍는 기계'라는 별명을 가지고 있다. 어떤 사업이 호황을 누리면 당연히 후발업체가 생기면서 더 새로운 기계를 도입하여 경쟁은 갈수록 치열해진다. 락희화학도 고민에 빠졌다. 오직 플라스틱 공업에만 전념하여 선두 기업이 되느냐, 아니면 시대의 변화에 따라 새로운 사업 품목을 찾아 도전하여 한 단계 더 도약하느냐가 주요 과제가 되었다.

2) 전축에서 시작된 전자 사업 구상

1957년, 구인회가 서울 반도호텔 락희화학 사무실을 방문하였다. 마침 윤욱현 기획실장이 새로 나온 LP 레코드판을 전축에 올려놓고 음악을 틀어놓았다.

윤욱현 기획실장은 락희화학 입사 전 미국계 무역회사에 근무한 적이 있었다. 영어가 능통하여 각종 외국 잡지를 구입해 읽으면서 폭넓은 국제 지식을 가지고 있었다. 구인회는 처음 보는 전축에 대해 신기함과 동시에 많은 관심을 보였다. 마침 얼마 전 구인회는 일본 통산성에서 제작한 '통산백서'에 앞으로의 유망 사업은 '석유화학 공업과 전자 공업'이라는 내용을 본 기억이 떠올랐다.

구인회가 전자 사업을 시작한 계기는 1957년 락희화학 서울사무소를 방문하였을 때 음악이 흘러나오는 전축을 보고 난 후였다. 〈일러스트 김문식〉

구인회는 윤욱현 기획실장으로 부터 외국의 전자 공업에 대해 설명을 듣고 락희화학이 전자 사업에 진출할 검토서 작성을 지시하고 이 내용을 임원들에게 알렸다. 당시 한국에는 전구, 소켓, 건전지, 변압기, 전선, 전동기 등 전기기기를 만드는 영세한 작은 가게가 몇 곳 있었지만 전자 공업이라는 단어조차 생소한 시기였다.

3) 아버님! 전자 사업 해 볼 만합니다

전자 사업에 대한 임원들의 찬반 논쟁은 의외로 팽팽하였다. 반대 의견은 아직 전자 공업 진출 시기가 아니다, 사업 분야도 생소하다, 미군 부대와 밀수를 통해 하루에도 수백대씩 최신형 라디오가 판매되어 경쟁이 힘들다, 이제 안정적으로 자리를 잡은 락희화학마저 자금 곤란과 위험에 처해진다는 것이었다. 반면에 찬성 의견은 플라스틱 사업은 단순 가공업이다. 갈수록 경쟁이 치열하여 수익성이 악화된다. 새로운 기술 분야 진출은 바람직하다. 전자 공업은 미래의 먹거리가 된다는 것이었다. 찬반 의견이 쉽게 결론이 나지 않자 구인회는 아들 구자경을 불러 의견을 들어 보았다.

"아버님, 사업은 모험이고 도전입니다. 어떻게 준비를 하느냐가 성패의 관건이지 기술이나 경험이 우선하지 않습니다. 전자 공업 사업은 꼭 필요한 사업입니다. 우리 락희화학 정도면 한번 해 볼 만하다고 생각합니다."

구인회는 결심을 하였다. "사업은 먼저 손을 대는 사람이 고생을 하게 마련이다. 하지만 그 대가는 많은 것을 잃을 수도 있지만 더 많은 것을 얻을 수도 있다. 그래 시작하자!"

4) 3개월간 선진 국가 전자 산업 견학

1958년 초 락희화학은 전자 사업 진출을 위한 구체적인 기획을 수

립해 나갔다.

1958년 10월 부산 부전동에 있던 금성합성수지공업사를 새로운 전자 산업을 시도할 기업으로 지정하고 회사의 명칭을 '금성사'로 개칭하였다. 이날이 금성사 역사의 시작이다.

1958년 11월, 구인회는 전자 공업 제안자인 윤욱현 기획실장과 함께 선진국의 전자 공업 시장을 견학하기 위해 홍콩, 이탈리아, 스위스, 영국, 프랑스, 독일, 미국, 일본 등 9개국을 3개월간 다녔다. 사업을 시작하고 27년 만에 처음으로 유럽과 미국의 산업현장을 본 구인회는 놀라움과 충격을 연속으로 받았다.

구인회는 유럽과 미국 출장 중 서양 사람들이 잘살게 된 까닭을 알게 되었고, 귀국하면 바로 시작하여 한국 사람들도 좀 더 편하게 살 수 있도록 전자 제품을 만들겠다는 강한 결심을 잊지 않았다.

5) 윤상무 니(너) 하고 싶은 대로 해 봐라

100여 일 만에 귀국한 구인회는 윤욱현 실장을 생산 담당 상무로 진급시키고 그 유명한 한마디를 남긴다. "윤상무, 이제 우리 락희도 전자 산업을 해야 한다. 부산 가서 니(너) 하고 싶은 대로 한 번 해 봐라."

대한민국 전자 산업의 시작을 알리는 한마디이다. 경상도 사투리가 섞인 '너(너) 하고 싶은 대로 해 봐라'라는 뜻은 전자 사업에는 아무런 간섭을 하지 않을 것이니 반드시 성공시켜라. 전적으로 믿고 전폭적으로 지지한다. 나는 너를 믿는다는 뜻이다.

이에 앞서 준비팀은 1958년 12월, 국제신문에 직원모집 공채 광고를 냈다. 럭키 치약과 플라스틱 생산으로 성공한 락희화학에서 라디오를 생산하기 위해 금성사를 설립하였고, 직원을 뽑는다는 광고였다. 금성사 공채 1기에 훗날 라디오의 전설이 된 '김해수' 외 2명이 선발되었다.

6) 금성사(Gold Star)의 출범

1959년 2월, 해외여행을 통해 전자 공업에 대한 이해가 높아진 구인회는 대외적으로 '주식회사 금성사(현 LG전자)'라는 이름으로 등기를 하였다. 디자인은 '왕관 무늬' 도안과 영문 표기는 'Gold Star'이다.

그룹 명칭이 1974년 럭키그룹에서 1983년 럭키금성그룹, 1995년 LG그룹으로 바뀌었고, 기업 CI도 변화를 가졌다.

경영진은 사장 구인회, 부사장 구정회, 상무 허준구, 이사 허학구, 구자경, 감사 김주홍, 금성사 서울사무소 상무 박승찬, 공장 담당 상무 윤욱현이었다.

금성사 공장은 부산 연지동 341로 결정하였다. 초기 금성사의 시설투자는 규모가 커서 락희화학이 가지고 있던 여유자금을 모두 다 소진할 정도였다.

현 LG그룹의 기업 로고에 영감을 준 신라의 미소로 알려진 보물 2010호 '얼굴무늬 수막새'. <국립경주박물관>

7) 금성사(현 LG전자) 이름의 탄생

회사 이름 금성사는 윤욱현 상무의 아이디어이다. 윤상무는 "금성이라는 별은 신비하고 무한하며 끝없는 가능성과 새로운 세계에 대한 동경을 상징한다. 한자로 金星이다. 금(金)은 황금을 뜻하는 Gold이다. 성(星)은 별을 뜻하니 영어로

Star이다." 황금별 'Gold Star'는 이렇게 탄생되었다. 1983년에는 그룹 이름이 '럭키금성그룹'으로 되면서 금성사는 회사를 대표하는 한 축이 되었다. 1995년부터 사용한 그룹명 LG는 Lucky Gold Star의 머리글로 알려져 있다. 본인의 이름이 평생 본인을 대신하는 얼굴이듯 회사 이름도 회사의 얼굴이다. 이름에도 운명과 기(氣)가 있는 것 같다. 그런 점에서 황금별 금성은 기(氣)가 넘치는 회사 이름으로 느껴진다.

지금 LG그룹의 모태는 1946년에 설립된 무역법인 조선흥업사가 있지만 공식적으로 1947년 설립된 락희화학공업사이다.

초기에 그룹 명칭은 락희그룹으로 불렀다. 구인회는 1969년 2월 락희그룹 본부를 부산에서 서울로 옮겼다. 구자경 회장은 락희화학공업사 명칭을 설립 28년 만인 1974년에 ㈜럭키로 변경하였다. 그리고 1983년 1월 그룹 명칭도 락희화학과 금성사를 대표로 결합하여 '럭키금성그룹'으로 변경하였다. 구본무 회장은 1995년 1월 그룹 명칭을 세계화로 발돋움하기 위해 영문으로 제작한 'LG'로 변경하여 오늘에 이르고 있다.

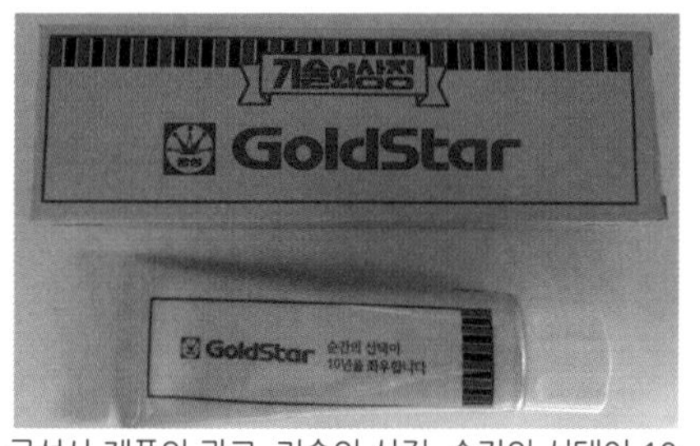

금성사 제품의 광고, 기술의 상징, 순간의 선택이 10년을 좌우합니다. 〈이래호〉

14 _ 금성사와 국산 라디오 1호

소비자의 까다로운 질문에서 답을 찾아라.

금성사가 만드는 라디오의 모든 부품 제작은 락희화학이 보유한 기술을 최대한 반영하였다. 라디오 외형은 물론 작은 부품 하나까지 플라스틱 가공 경험과 사출 성형의 기술력을 바탕으로 하여 자체적으로 생산한다는 계획을 가지고 출발하였다. 그러나 라디오 내형에 들어가는 라디오 부품 생산은 당시의 락희화학의 능력이나 국내의 전자 산업 기술 수준을 고려할 때 현실적으로 매우 어려운 도전이었다.

뿐만아니라 라디오에는 200여 가지 부품이 들어간다. 부품을 국산화하려면 그만큼 많은 금형이 필요하다. 금형 하나의 가격이 아주 고가라 초기 투자비용도 엄청났다. 락희화학의 자본을 거의 다 쏟아 부었을 정도였다.

1) 국산 라디오 1호의 탄생

실패가 반복되었다. 그러나 반복되는 실패가 줄어들수록 금성사의 기술은 향상되었다. 이런 지난한 과정을 거쳐 마침내 1959년 11월, 국산 라디오 1호가 탄생하였다. 금성사 제1호 생산품 라디오 명칭은 'A-501'이다.

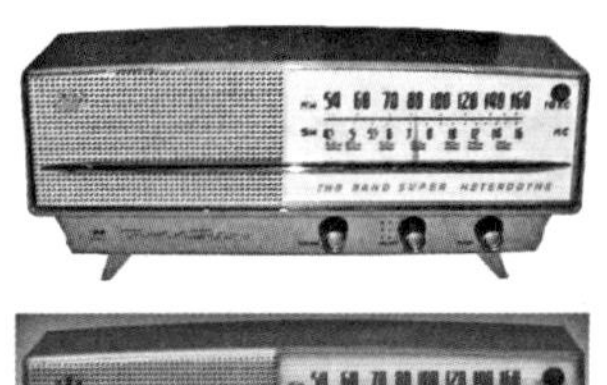

국내 최초로 생산된 금성사 라디오.

A는 AC 즉, Alternating Current로 교류의 약자이다. 501의 5는 5구식 진공관, 01은 제품 1호 의미이다. 처음에는 건전지를 사용하는 라디오를 개발하자고 하였지만 많은 어려움이 있어 전기용 라디오를 개발하였다. 금성 A-501 라디오는 생산된 지 50년이 지난 2013년 8월에 전자 산업의 불모지였던 대한민국을 IT 강국으로 발돋움하게 한 산업적 가치를 인정받아 '등록문화재 제559-2호'로 지정되어 보존되고 있다.

A-501 라디오 정면을 보면 왼쪽 상단에 금성사 왕관 무늬가 있고, 하단에는 금성의 영문 표기인 Gold Star 회사명이 붙여져 있다. 그 후 생산된 4호 모델인 금성 라디오 A-504 제품은 스위치, 새시, 트랜스, 소켓 등의 주요 부품을 국산화하여 순수 자체 기술로 생산한 라디오이다.

국제신보 1959년 11월 4일자에 금성사 라디오 출시 관련 '국산 라디오 등장'이란 기사가 보도되었다. '금성 A-501 국산 라디오는 기술 수준이 외국 제품에 비해 손색이 없고 값도 싸다 …. 처음부터 국산 부품을 60%나 사용한 것은 기록될 만한 일이다.'

2) 판매 부진으로 회사 경영 위기

여느 제품이든 최초 생산은 그 과정이 힘들고 어려움이 발생한다.

라디오 생산을 하였지만 생각한 만큼 판매 실적이 오르지 않자 금성사를 지원해 왔던 락희화학의 경영에 영향을 끼쳤다. 연속적으로 적자가 나자 사업 중단을 요구하는 임원도 생겼다.

당시 판매가 좋지 않은 이유는 라디오를 구입할 만큼 국민들이 경제적 여유가 없었고 전력 사정과 방송의 질이 안정적이지 못하였기 때문이다. 그리고 생산체계가 없어 생산 단가를 낮추기가 어려웠다. 달리 표현하여 라디오는 먹고살기 바쁜 서민들에게는 사치품이었다.

라디오 외에 전자 공업과 관련 있는 선풍기, 전화기, 콘센트, 플러그, 소켓과 전기 배선 기구도 생산하였지만 주력 상품인 라디오 판매가 되지 않아 락희화학은 창업 이래 가장 큰 어려움에 봉착하였다.

자체 생산한 선풍기도 전기로 시원한 바람을 만들어 내는 신기한 기계였기에 여름이면 한국 사람 누구나 가정에 1대씩 구입할 거라 생각하였다. 이러한 예상도 부채 바람을 넘지 못하고 초기에는 선풍기도 기대만큼 판매가 잘되지 않았다. 하지만 구인회는 전자 산업은 분명히 성공할 것이라는 확신을 갖고 지원은 계속할 것이니 끝까지 해보자는 결심에 변함이 없었다. 하지만 여러 가지 방법으로 노력하였지만 라디오 판매는 쉽게 문이 열리지 않고 2년이 지났다.

3) 1년 후 금성사 문을 닫겠다

1961년 초 임원 회의에서 마침내 금성사를 정리하고 그 돈으로 주력 기업인 화학계열에 더 투자를 하자는 의견이 계속 거론되었다.

마지막으로 구인회는 1년의 시간만 달라고 임원에게 요청한다. 1년 후에도 변화가 없다면 내 손으로 문을 닫겠다. 1년이라는 시간을 확보한 구인회와 임원은 다시 한번 라디오 시장 판매 개척을 조목조목 검토하면서 뚝심 있게 진행해 보기로 결심한다. 구인회는 마음속에 "사업은 10년은 해봐야 한다. 중간에 그만두지 마라." 진주에 장사하러 간다는 아들에게 아버지가 들려준 훈시를 되새겼다.

"무슨 일에는 시련이 있다. 매화는 모진 추위를 겪어야 비로소 향기를 뿜는다. 조금만 더 견뎌보자." 구인회는 매경한고발청향(梅經寒苦發淸香)을 인용하면서 마음의 결심이 흔들리지 않게 굳센 다짐도 하였다.

4) 위기에서 벗어나다

1961년 5월 16일, 박정희 소장이 주도한 5·16 군사정변이 일어났다. 군사 혁명위원회는 5월 19일 국가재건최고회의를 구성하였고 7월 2일 박정희가 최고회의 의장에 취임하면서 정치와 경제, 사회가 급변해 갔다.

5·16이 발생한지 얼마 지나지 않아 구인회는 동생 구평회 상무의 서울대 동창인 국가재건최고회의 공보 장관을 우연히 만났다.

공보 장관은 정부에서 추진하는 업무를 국민에게 홍보하고 알려야 하는데 별다른 홍보 방법이 없어 그 고민을 구인회에게 털어놓았다.

구인회는 라디오 방송 홍보를 추천하였다. 공보 장관은 "지금 한국의 농어촌에 라디오 있는 집이 어디 있습니까"하고 반문을 하자 구인회는 기다린 듯이 "금성사에서 라디오를 만들고 있다. 정부에서 구입하여 농어촌에 좀 보내면 되지 않느냐"고 하였다.

5) 박정희 대통령의 금성사 방문

1961년 7월 초, 국가재건최고회의 박정희 의장이 예고 없이 부산 연지동 금성사 공장을 방문하였다. 며칠 후 구인회는 1961년 7월 7일 금성사 제품 T-604 라디오 5천대를 공보부에 기증하였다. 경제적인 부담은 컸지만 농어촌의 생활개선과 국민 지식 개선을 위한 도움

1961년 7월 박정희 국가재건최고회의 의장이 금성사 부산 연지 공장을 방문, 구인회 사장과 함께 생산된 라디오를 살펴보고 있다. 〈LG전자〉

이 되도록 농어촌에 라디오를 보급하는 것에 동참하였다. 1961년 7월 14일 국가재건최고회의 공보부는 농어촌에 '라디오 및 앰프 보내기 범국민운동'과 '공무원 및 국영기업체 직원의 라디오 및 앰프 보내기 범국민운동 참여 계획'을 발표하였다.

6) 라디오, 국민 필수품이 되다

밀수품 라디오 단속을 강력하게 시행하니 시중에 판매되는 제품은 국산 금성사 라디오뿐이었다. 그리고 농어촌에 수만 대의 라디오를 보내려고 하니 라디오를 만드는 곳도 역시 금성사 뿐이었다. 연지동 공장의 직원들은 폐쇄 직전의 비참한 시기를 겪었던 아픔이 있어 밀려드는 일감에 온 힘을 다하여 제품을 생산하였다. 우리나라가 직접

금성사 생산 라디오 신문광고.

라디오를 비롯한 금성사 생산품 신문광고. 〈1966년 4월 9일 조선일보〉

라디오를 생산한다는 것은 일본이나 미국에 종속되어 온 기술의 독립이자 경제의 독립이었다.

당시 전국 라디오 보급 대수는 1959년 30만대, 1961년 말 100만대를 돌파하였고, 1962년 말에는 134만대로 늘어났다. 이것은 결코 단순한 행운이라고 볼 수 없다. 미래를 예측하고 준비한 자에게 주는 결과였다. 주력 회사 락희화학의 자금을 다 소진하면서도 전자 산업은 반드시 필요한 사업으로 판단하고 중단하지 않은 구인회의 뚝심이 반영된 결과였다.

1960년대 중반부터 라디오는 국민 필수품으로 정착되었다. 한 가정에 2~3대를 소유하는 가정도 생겼다. 라디오를 생산한 후 판매가 되지 않아 재정이 어려웠던 금성사가 흑자기업으로 진입하고 안정이 되자 구인회는 또다시 다음 사업을 구상할 수 있는 동력을 갖게 되었다.

7) 구인회의 소비자 대응

"손님의 까다로운 질문에서 답을 찾아라. 고객이 회사에 불만을 하는 것은 제품의 잘못이다. 돈을 들여서 문제점을 찾아야 하는데 고객이 찾아주었으니 얼마나 고마운가. 까다로운 고객, 불만 있는 고객의 소리를 주의 깊게 들어야 한다."

구인회는 하루 업무가 마감되는 저녁에 구자경에게 물건은 주문한 대로 차질 없이 배정했는가, 손님은 어떤 분들이 다녀 갔는가, 그리고 마지막으로 까다로운 사람은 없었는가를 반드시 질문을 하였다. 구인회는 특히 까다로운 사람이 있었다면 어떤 점에서 까다롭게 하였는지를 분석하였다. 까다로운 사람이 회사에 중요한 사람이고 문제점을 개선할 지적을 주는 것이니 더 소중하게 대하여야 한다는 것이다.

15 _ 기술의 상징! 금성사 제품과 추억

새로운 것을 만들어라.

힘든 만큼 그 결과는 더 크게 얻을 것이다.

'나는 장사를 하여도 빽(?)이 있는 사람이다'

1970년대 음료수나 아이스크림을 판매하는 동네 상점에서 금성사 마크가 있는 냉장고를 확보하여 장사를 하는 사람에게 은근히 보이지 않는 자랑과 자부심이 있었다.

TV를 시청하기 위해 지붕 위에 5~6M 되는 안테나를 설치하여야 하는데 이 안테나의 있고 없음이 동네에서 재산 정도를 측정하는 기준이 되기도 하였다. 이 시기 대한민국 최초의 전자 제품은 대부분 금성사에서 만든 것이다.

1) 금성사 냉장고

1960년대 중반 냉장고를 가진 가정은 별로 많지 않았다. 가정에서 냉장시설 이래야 얼음을 사서 그릇에 놓고 그 그릇 주변에 음식물을 보관하는 정도였다. 1964년 여름, 금성사 구정회 사장 집에서 사용하던 미국산 냉장고가 고장이 났다. 냉장고를 수리할 만한 전자 제품 수리점도 없는 시기라 구정회 사장은 금성사 공장 내 전기담당자에게 부탁을 하였다.

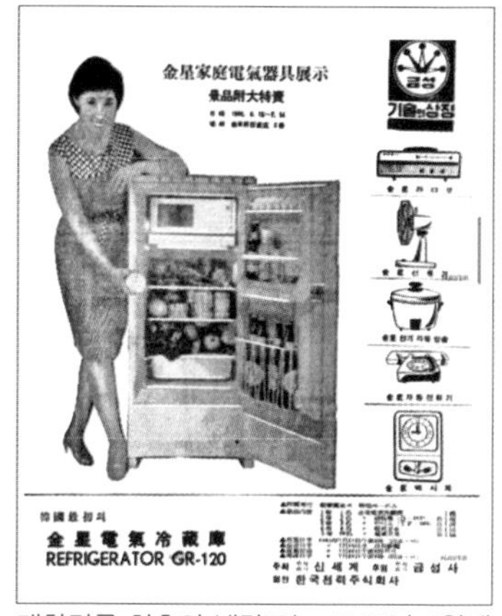

대한민국 최초의 냉장고는 1965년 4월에 생산된 금성사 눈표 냉장고이다.

그러나 회사 내 기술자 대부분 냉장고를 만져본 경험이 없었다. 이때 공대 출신으로 기술에 능통한 임종염 과장이 경험은 없지만 한 번 수리를 해보겠다고 자청하였다. 임 과장은 냉장고를 공장으로 가져가 하나하나 분해를 하면서 철저히 분석하였다. 고장 난 부품은 새로 만들어 교체를 하여 수리를 완료하였다.

이를 계기로 임 과장은 미군 부대에서 사용하던 것, 빙과점에서 쓰던 냉동기를 구입하여 분해하고 재조립하면서 냉장고의 기술 원리를 터득하였다. 이러한 사실을 구정회 사장으로부터 보고받은 구인회는 금성사와 락희화학이 보유하고 있던 기술을 총동원하여 냉장고를 직접 만들 것을 지시하였다.

이런 노력 끝에 1965년 4월 '눈표 냉장고 제1호 GR-120'이 탄생하였다. G의 의미는 Gold Star, R은 Refrigerator, 120은 용량 120L의 뜻이다. 1960년대 후반부터 한국 가정에도 냉장고는 필수품이 되어갔다. 필자의 가정에도 이 시기 리어카에 냉장고가 실려 집으로 배달되어 오는 것을 본 적이 있다. 아마 이 날은 어머니께서 아버지에게 고기반찬을 만들어 드렸을 거라는 생각이 난다. 집의 구조가 재래식이라 부엌에 두지 못하고 부엌방에 두었는데 밤이 되고 주위가 조용하면 '웅 웅'하고 하루 종일 울어대던 냉장고의 소리도 이제는 그립기만 하다.

처음 생산된 눈표 냉장고는 2013년 8월 27일 국가등록문화재 제560호로 지정받았다.

2) 금성사 흑백 TV

1966년 생산된 제1호 흑백 TV. <대한민국역사박물관>

1961년 말, KBS-TV가 개국되었다. 당시 TV는 미국 제품이 한국에 들어와 할부로 판매하거나 추첨을 통해 살 수 있을 정도로 귀했다. 금성사는 미래 수요를 예측하고 발 빠르게 TV 생산 계획을 수립하였다. 하지만 TV는 사치품이었고 고가였다. 전력부족으로 시청에 어려움도 많았다.

1964년 민영방송인 동양 텔레비전이 개국되었지만 정부는 TV 생산 허가를 해주지 않았다. 하지만 구인회는 TV 생산 담당자에게 "사람이 할 일을 다해 놓고 천명을 기다려라. 안되는 일이면 몰라도 이것은 결코 안되는 일이 아니다."

정부 허가가 날 때까지 열심히 연구해서 금성사 생산 제품은 쓸 만하다는 소리를 듣도록 만들어라"고 격려하면서 정부의 허가만을 기다렸다.

그해 12월, 상공부가 제한된 범위 내 TV 부품 도입을 허가하고 텔레비전 생산을 허용하였다. 이렇게 하여 탄생한 것이 1966년 8월, 우리나라 최초의 국산 텔레비전 "VD-191"이다. VD는 진공관식, 191은 19인치 1호 모델을 뜻한다.

가로 64cm, 세로 31cm, 높이 64cm로 무게는 22kg이다. 브라운관 앞에 여닫이 문이 있고 채널도 손으로 돌리는 방식이다. 당시 가격이 60,800원으로 쌀 30가마 가격이었다. 직장인의 평균 월급이 일반적으로 1만원 전후 시기이다. 고가임에도 수요가 많아 은행 창구에서 신청을 받아 판매하였는데 공급보다 주문자가 많아서 추첨을 통해 판매를 하였다.

필자의 어린 시절 기억에도 생생하다. 여름이면 큰 방문을 열어 놓고 이웃분들이 마당에 모여 TV 연속극을 보며 함께 웃고, 울기도 하였다. 특히 1970년대 박치기 왕 김일이 나오는 레슬링 시합이 방송되면 도둑도 빈집에 들어가지 않고 레슬링을 보았다는 이야기도 기억난다. 금성사 최초의 텔레비전 모델은 서울특별시 등록문화재 제561-2호로 지정받았다.

3) 이란 영화에 등장한 금성사 흑백 TV

1997년 제작된 '천국의 아이들'은 한국에서 보기 힘든 이란에서 만든 영화다. 가난한 가정의 남매와 신발이 스토리의 주제로 세계 영화계의 호평을 받았다. 영화 속 장면이다. 어느 날 가족이 모여 신발 이야기를 하는데 마침 흑백 TV 속에 신발 광고가 나온다. TV 우측에는

이란 영화 '천국의 아이들' 내용 중 도로 광고에 나온 Gold Star와 TV 우측 채널 조절기 상단에도 역시 금성사 마크와 상표가 선명하게 보인다. <이래호>

Gold Star 마크가 선명하게 보인다.

또 하나의 장면이다. 아버지가 아들을 자전거에 태우고 일자리를 찾아 도시 고속도로변을 지나칠 때 Gold Star라는 광고판이 선명하게 드러난다. 한국에서 만든 전자 제품이 외국 영화 소품으로 등장한 것은 의도적이든, 우연이든 정말 흐뭇한 장면이 아닐 수 없다.

4) 금성사 백조 세탁기

1969년 5월, 금성사는 국내 최초의 세탁기인 '백조 세탁기'를 생산하였다. 하이타이 신화를 만든 '허신구 평전'에 소개된 '백조 세탁기'는 알루미늄으로 제작되었고, 세탁과 탈수 용량은 1.8kg이다. 물 공급도 4단계로 조절이 가능하고 스프링 식 타이머가 부착되어 있어 세탁 시간을 조절할 수 있다. 가사노동 중 가장 힘들다는 세탁을 사람이 아닌 기계가 대신해준다는 것은 가사 활동의 노동력을 획기적으로 줄여주는 변화였다. 세탁기의 도입으로 주부들의 일상에 시간적 여유와 노동력 감소로 인해 여성의 사회 진출 계기도 되었다. 2013년 8월 27일에 국가등록문화재 562호로 지정되었다. 필자의 의미없는 표현이다. 우연의 일치일까, 진주 구인회 포목상점 터에 세탁소가 입주하였는데 그 이름도 '백조 세탁소'이다.

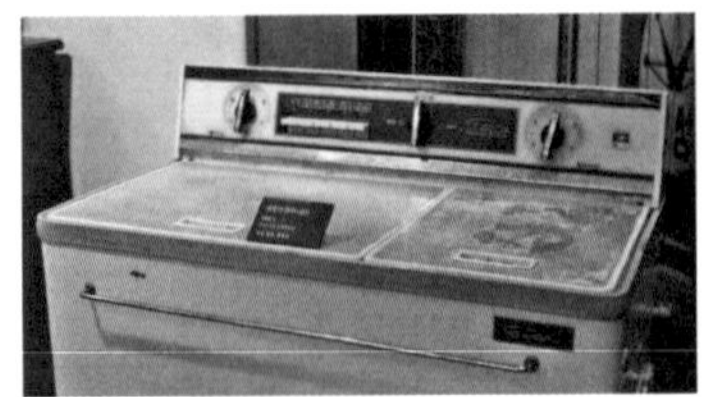

1969년 생산된 제1호 백조 세탁기. <대한민국역사박물관>

5) 인기 없는 밀수품, 선풍기

금성사에서 라디오를 최초로 개발한 김해수 회고록 '아버지의 라디오' 내용이다. 선풍기를 만들자는 제안에 구인회 회장은 "부채도 아까워서 못 사는 우리 국민들이 비싼 선풍기를 사겠느냐? 많이는 만들지 말라"하고 만류하였다.

금성사에서는 1960년 3월, D301 선풍기 모델을 최초로 생산하였다. 초기에는 가격과 부채의 활용 때문에 판매가 잘 되지 않았지만 라디오에 비해 비교적 잘 팔렸다. 그 이유 중 하나가 선풍기는 라디오에 비해 덩치가 크기 때문에 밀수를 하거나 미군부대 PX에서 빼돌리는 것이 쉽지 않아 시중에 밀수품이 많이 유통되지 않았기 때문이다. 그러나 선풍기는 고도의 기술을 요구하지 않아 중소업체 생산품도 많아 매출 비중은 그렇게 높지 않았다.

금성사에서 만든 선풍기. 〈동아일보 1965년 5월 18일〉

6) 금성사 직원들의 추억

1960년대 농촌에서 고등학교를 졸업하고 대학을 진학하는 것은 매우 어려웠다. 장남이라는 이유로, 여자라는 이유로 대학을 가지 못하고, 가정을 위해, 형제자매를 위해 희생할 수밖에 없었던 시절이었다.

남학생의 경우 취직이 잘되는 기술 계통 학교나 상업학교에 진학하였고, 여학생의 경우 상업학교를 졸업하고 은행이나 회사의 경리로 취업하는 게 당시에는 인기가 있었다. 인문계 졸업생이 가정형편상 상급학교에 진학하지 못하고 큰 기업 생산현장에 취업을 하는 것도 안정된 직장이라 경쟁이 치열하였다.

진주를 비롯 서부 경남과 마산 지역 출신은 부산 금성사에 많이 취업을 하였다. 의령, 합천 창녕 등 중부 지방 사람들은 대구로 많이 나갔다. 부산에는 금성사, 대구에는 제일모직이 있었기 때문이다. 당시 두 회사는 급여나 근무 여건이 좋았다. 학교 성적이 아주 좋아야만 취업할 수 있었다. 아들, 딸이 월급을 받아 고향에 보내 드리면 부모는 이 돈을 모아 논과 밭을 많이 구입하였다. 땅을 산 사람의 자녀 직장이 대부분 금성사나 제일모직이라는 면사무소 등기 직원의 이야기도 있었다.

두 회사는 근무복만 입고 식당이나 선술집에 가도 외상이 가능하였다. 또한 젊은 남녀 직원이 많다 보니 상상을 넘는 연애이야기, 기숙사 러브 스토리도 많이 회자되었다.

7) 금성사가 만든 것

금성사가 우리 생활에 기여한 부분은 적지 않다. 집안 곳곳의 전기 시설이나 전기 제품을 보면 금성사 상표가 많이 있다.

금성사가 생산한 국내 최초의 제품은 여러 가지가 있다. 1963년에 적산전력량 기계를 생산하였고, 1967년에는 AM·FM 라디오를 최초로 생산하였다. 1968년에는 국내 최초로 룸 에어컨을 개발하였으며, 1969년 2월에는 엘리베이터와 에스컬레이터를 생산하였다. 5월에는 주부에게 일대 혁신을 가져다주는 국내 최초의 '백조 세탁기'를 생산하였다.

8) 6층, 진주에서 제일 높은 건물

구인회가 중앙시장에 포목점을 낸 1930년대 진주는 대부분 2층에 다락방이나 옥상에 가건물 형태의 3층 건물이 드문드문 있었다.

필자가 중학교에 다니던 1975년, 진주시에서 가장 높은 건물은 진주 중앙로터리에 있는 중앙약국 건물이었다. 벌써 반백년이 지났지만 지금도 그대로의 모습이다. 5층 건물인데 옥상에 1층이 증축된 형태로 총 6층 건물이다.

시골에서 친구들이 진주 시내 놀러 오면 "저 건물이 진주에서 가장 높은 건물이다"라고 소개한 적이 있다. 당시 건물 이름도 1층에 중앙약국이 있어 '중앙약국 건물'이라 불렸다. 한동안 진주 시내의 이정표, 랜드마크 역할을 하였다. 옛날에는 건물 앞에 분수가 있어 진주를 상징하는 배경 사진에도 분수대와 함께 많이 등장하였다.

경제 성장은 사회와 가정에 많은 변화를 가져왔다. 서울과 부산 등 대도시에는 하루하루가 다르게 고층건물이 올라갔다. 1970년, 서울에서는 31층 빌딩이 세워졌다. 삼미그룹의 출발인 대일목재공업 김두식 회장이 1968년에 짓기 시작하여 1970년에 완공한 본사 건물이다.

1985년 여의도에 세워진 63빌딩에 그 자리를 내주기까지 당시 대한민국 최고층 건물이었다. 63빌딩의 역사도 2018년 102층의 롯데타워에 대한민국 최고의 높은 빌딩 이름을 내어 주었다. 이런 고층빌딩이 승강기(엘리베이터) 없이 가능할까? 승강기는 수평 세상의 세계를 수직 세상으로 바꿔주는 혁신적인 변화를 가져오면서 인간의 생활을 편리하게 변화시켰다.

1962년부터 실시된 제1차 경제개발 5개년 계획도. 이 시기는 기간산업 육성에 중점을 두었다. 〈토지주택박물관〉

라디오를 생산하는 금성사는 한국의 경공

업 선두 주자 중 하나였다. 1967년 7월 박승찬 사장은 금성사가 더 큰 성장을 하기 위해 중공업으로 진출하여야 하는데 그 발판으로 승강기 사업을 선택하였다.

먼저 금성사 내 유능한 공학 전공자들을 발탁하여 승강기 사업 진출을 위한 조사, 연구를 하였다. 가장 효율적이고 최선의 방법은 이 계통 기술 분야에 앞서가고 있는 일본과 합작하거나 제휴하는 것이었다. 1968년, 마침내 금성사는 일본의 최대 승강기 제작사 중 한 곳인 히다찌와 기술 제휴를 하여 승강기 사업에 진출하였다. 이것이 오늘날 한국 승강기 산업의 최대 회사로 성장한 LG 산전의 출발이다.

금성사는 자체 선발한 직원을 일본 히다찌 제작소에 파견하여 연수를 받도록 하였는데, 이것이 엘리베이터 산업계의 해외 첫 연수자 파견이다. 설치에서 보수까지 체계적인 교육도 받게 하였다. 1960년도 중후반 승강기 업계 평균노임은 월 1만5천원이었다. 이 시기 일반노무자 평균노임은 월 8천원 전후로 두 배 이상 차이가 날 정도였다.

승강기는 빌딩의 역사를 새롭게 하는데 중요한 역할을 한다. 건축 역사에도 큰 영향을 주었다. 경제성장과 비례하여 서울에도 높은 빌딩이 하나 둘 세워졌다. 서울 삼풍 세운상가, 서울 대연각호텔, 서울 명동 로열호텔, 한국일보 사옥 등에 금성사는 금성 히다찌 승강기를 설치하는 것을 시작으로 엘리베이터 사업 성장의 기틀을 마련하였다.

금성사·히다찌는 1970년 한국 경제 성장을 상징하는 건축물로 당시 한국에서 가장 높은 삼일빌딩 설립에 초고속 승강기를 설치하였다.

16 _ 문학 속 라디오

지금의 성공에 만족하고 중단하면 안 된다.

문학 속에 생활용품이 등장하는 것은 그 용품이 우리 일상생활과 밀접한 관계가 있기 때문이다. 문학 속으로 가장 먼저 들어온 가전제품이라면 분명 라디오가 1순위가 될 것이다.

1) 부자의 상징 라디오

지금의 라디오는 TV, 휴대 전화기와 인터넷 방송, 동영상, 너튜브 등에 밀려 존재감이 많이 상실되었다. 라디오 하면 옛것을 상징하거나 아날로그 세대의 전용품으로 된 것 같다. 그래도 자동차 운전 중 가장 쉽게 접하는 것이 라디오이다.

해방 후 대한민국 가정에 라디오가 대중적으로 보급되기까지는 제법 오랜 시간이 걸렸다. 서민들이 부담 없이 살 수 있는 물건이 아니었다. 1950년대까지 라디오를 가지고 있다는 것은 사실 '경제적으로 생활의 여유가 조금 있는 가정'을 대리 표현하는 상징물이기도 하였다.

2) 나와 라디오의 추억

1970년대 야간 자율학습을 마치고 집에 오자마자 라디오를 틀면 '별이 빛나는 밤에'가 진행되었다. 별밤지기(DJ)의 목소리를 듣고 잠자리에 들 정도로 인기 있는 프로그램이었다. <일러스트 김문식>

누구나 라디오에 얽힌 한 두가지 이상의 추억을 가지고 있을 것이다. 1970년대 후반, 당시 고등학교 입학시험 결과는 학교 정문에 붙여 놓거나 라디오로도 알려 주었다. 합격자 발표날 찍찍거리는 불안전한 전파 때문에 옥상으로 라디오를 들고 갔다. 라디오에 달린 안테나를 길게 뽑아 이리저리 돌려가며 방송 주파수를 맞추고 합격자 발표 방송을 들었다. "다음은 ㅇㅇ고등학교 합격자 안내입니다. 수험번호 1번, 3번, 6번, 9번 …." 이웃에서 들려오는 합격의 함성과 불합격의 탄식 소리가 아직도 귓가에 남아있다.

역시 필자가 고등학생 때이다. 새벽으로 가는 깊은 밤에 방송하는 시그널 방송음악과 멘트 '별이~ 빛나는 밤에~' 프로그램에 대해 동시대를 살아온 사람이라면 누구나 한두 가지 추억이 있을 것이다.

음악 방송을 듣기 위하여 공부하라고 꾸중하시는 부모님에게 발각되지 않으려고 라디오를 가슴에 품고 이불속에서 들은 적도 있다. 지금 생각하니 1970년대 반공 교육 시간에 '간첩 식별법'이라는 여러 가지 내용 중에 '한밤중에 이불을 뒤집어쓰고 방송을 듣는 사람은 간첩일 수 있다'는 교육을 받은 적이 있어 헛웃음이 난다.

라디오에 대한 추억 중 잊지 못하는 게 축구 시합 생중계 방송이다. "말씀드리는 순간 조광래 선수 볼을 빼앗아 이회택 선수에게 패스합니다. 이회택 선수 한 사람 제치고 박이천에게, 박이천 선수 다시 차범근에게 패스하였습니다. 차범근 선수 골문 앞으로 찼습니다. 떴습니다. 김재한 헤딩슛 ~~ 골." '찼다 차범근, 떴다 김재한' 누군가 이렇게 유쾌한 축구 중계 내용을 기억하고 있으리라 생각한다.

얼마 전까지 진행된 '싱그럴 벙그럴 쇼~오~의 강석, 김혜영입니다'의 오프닝 멘트는 지금도 생생하다. 이 프로그램은 낮 12시 뉴스가 끝나면 시작하였는데 직장 생활을 할 때 필자가 점심을 먹고 1시까지 주어진 휴식시간에 즐겨 들었던 프로그램이었다.

3) 5·16과 박종세 아나운서

1961년 5월 16일 박정희 소장이 한강을 건너 서울의 주요 기관들을 점령하면서 국가 권력을 장악해 나갔다. 주요 점령 기관에 필수로 포함된 것이 라디오 방송을 하는 중앙방송국(KBS)이다. 이들은 방송국을 점령한 후, 혁명공약 6개항을 라디오 방송으로 밝혔다. 혁명공약 방송 관련 숨은 이야기가 있다. KBS 라디오를 통해 5·16 혁명공약을 처음으로 방송한 사람은 당시 25세의 '박종세 아나운서'이다. 회고록 '방송, 야구 그리고 나의 삶'에서 밝힌 내용이다.

총소리가 들리고 군인들이 오가자 인민군이 침입한 것으로 알고 방송국 내 텔레타이프 실에 숨어 있었다. 방송국을 점령한 혁명군들이 큰소리로 '박종세 나와'가 아닌 '박종세씨 계십니까?' 하기에 안심이 되어 나왔더니 혁명군이 박정희 소장 앞으로 데리고 갔다. 박정희 소장이 다른 아나운서가 방

1961년 5월 16일 군사혁명위원회는 아나운서 박종세로 하여금 혁명공약을 방송하도록 하였다. 〈박종세 방송사료〉

송을 하면 믿음이 가지 않는다고 국민들의 귀에 익숙한 아나운서 목소리를 통해 혁명내용을 방송하도록 하였다.

새벽 5시 정각, 아나운서 박종세는 '친애하는 애국 동포 여러분!' 은인자중 하던 군부는 … 으로 시작하는 혁명공약 내용을 평소와 다름없이 방송을 하였다.

4) 럭키화학과 금성사의 월급

금성사의 홍보 구호는 '최첨단 기술의 상징'이다. 회사 마크는 왕관을 그리고 GS는 Gold Star의 의미이다.

럭키화학과 금성사 사원 간에는 급여 차이가 있었다. 평균적으로 금성사가 많이 받은 것으로 알려지고 있다.

럭키화학은 전형적인 장치 산업회사로 공대 출신 일부 관리자를 제외하고는 대부분이 일반 사원이고, 사업주 연고로 추천을 통해 채용된 사람들이 많았다. 이들 중에는 구인회 사장의 고향인 진주 지수면 일대 지방 유지 자제이거나 가깝고 먼 친척이 많았다. 공장 안에서도 과장님, 부장님의 호칭이 아닌 아재, 조카, 김서방 하면서 가족처럼 호칭을 사용하는 직원도 있었다.

이에 반해 금성사는 기술과 전문성을 요구하는 부분이 많아 공개채용을 많이 하여 상대적으로 추천 입사가 적었다. 금성사 직원들은 럭키화학 직원들을 '진양군(당시에는 진주시, 진양군 통합 전) 물레방아'라 하였다. 럭키화학 직원들은 금성사 직원을 보고 '외인부대 새끼들'이라고 불렀다. 경남이 아닌 전국에서 공채로 입사를 하였기 때문이다. 당시 럭키화학과 금성사에 다닌다면 생산직이라도 사윗감, 며느리감 1호로 인정받는 좋은 직장이었다.

5) 문학 속에 등장한 금성사 라디오

라디오 진행자 중 누군가는 방송에서 이 시를 낭송 하였을지도 모른다. 누군가는 운전을 하면서 라디오를 켜고 '금성라디오'라는 시 한 편을 들었던 분도 있을 것이다.

2004년 11월 발간된 '박해림'의 시집 '고요, 혹은 떨림'에 소개된 '금성라디오' 제목의 시이다.

금성라디오

새벽이면 언제나 가장 먼저 눈을 뜨시던 아버지

그 손에 악기처럼 들려서 켜지던 국산 금성라디오

새벽종이 울렸네, 새 아침이 밝았네

라디오를 통해 아버지의 고단한 삶과 새마을 운동의 시대적 풍경을 보여주지만 결국은 늘 곁에 있는 금성라디오가 시의 주제어인 것 같다. 장석남의 시 '격렬비열도'에도 금성라디오가 등장한다.

격렬비열도

로케트 건전지 위에

결박 지은

금성라디오…

이 시를 감상하면 내장형 건전지는 가격도 비싸고 수명이 오래가지 않아 라디오 보다 덩치가 큰 외장형 건전지를 노란 고무줄로 라디오에 묶어놓은 모습이 떠오른다.

6) 김수영의 시, 금성라디오

또 한 편의 시를 보면 금성라디오 외에 일상에서 많이 들었던 일수, 수련장, 캐시밀론 등의 단어가 문장 속에 정겹게 차지하고 있다. 특히 종장 부분의 시어가 감미롭다. 아버지는 아들 공부는 관심이 없고 아버지 좋아하는 라디오만 사가지고 온 것을 알고 항의하는 아들 얼굴 표정까지도 느낄 수 있는 것 같다.

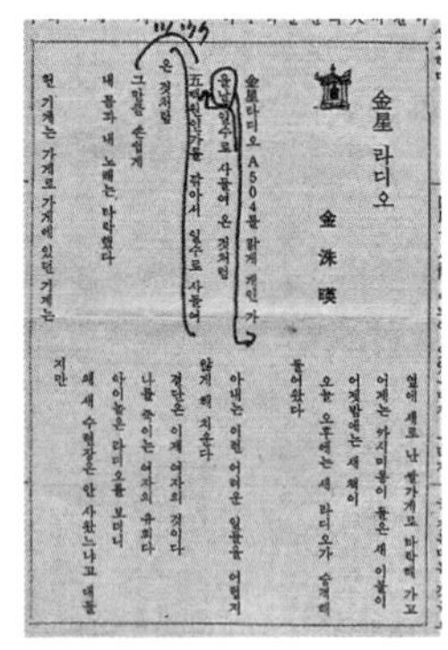
金星 라디오

金洙暎

金星라디오 A504를 맑게 개인 가
을날 일수로 사들여 온 것처럼
五百원인가를 깎아서 일수로 사들여
온 것처럼
그만큼 손쉽게
내 몸과 내 노래는 타락했다
헌 기계는 가계로 가계에 있던 기계는
옆에 새로 난 쌀가게로 타락해 가고
어제는 카시미롱이 들은 새 이불이
어젯밤에는 새 책이
오늘 오후에는 새 라디오가 승격해
들어왔다
아내는 이런 어려운 일들을 어렵지
않게 해 치운다
결단은 이제 여자의 것이다
나를 죽이는 여자의 유희다
아이놈은 라디오를 보더니
왜 새 수련장은 안 사왔느냐고 대들
지만

신동아 1966년 11월호에 발표된 김수영의 시 '금성라디오'. <신동아>

1960년대 한국문학가를 대표하는 김수영(1921~1968년) 시인의 작품이다.

금성라디오 A 504를
맑게 개인 가을날 일수로 사들여온 것처럼
500원인가를 깎아서 일수로 사들여온 것처럼
그만큼 손쉽게
내 몸과 내 노래는 타락했다.
헌 기계는 가게로, 가게에 있던 기계는
옆에 새로 난 쌀가게로 타락해 가고
어제는 캐시밀론이 들은 새 이불이
어젯밤에는 새 책이
오늘 오후에는 새 라디오가 승격해 들어왔다.
아내는 이런 어려운 일들을 어렵지 않게 해치운다.

결단은 이제 여자의 것이다
나를 죽이는 여자의 유희다
아이 놈은 라디오를 보더니
왜 새 수련장은 안 사 왔느냐고 대들지만

17 _ 아버지의 라디오

친구를 한 번 사귀면 헤어지지 말고 오래 사귀어라.

부득이 헤어지더라도 적을 만들지 말라.

'아버지'는 만인이 사용하는 동등한 호칭이지만 그 뜻은 만 가지 '희로애락'을 품고 있는 것 같다. 소개할 내용의 책 제목은 '아버지의 라디오'이다. 책의 내용은 돌아가신 아버지 김해수 삶의 이력을 딸 김진주가 정리하여 책으로 출판한 것이다.

김해수는 금성사에서 국산라디오 1호를 만든 1960년대 대한민국 근대화 산업을 이룩한 엔지니어이다. 딸은 산업화 시대 아버지의 삶과 반대의 길을 걸었다. 이화여대 약학과 재학 중 민주화 시대를 주장하고 활동한 딸 김진주의 남편은 얼굴 없는 시인으로 알려진 박노해이다.

1) 김해수 이야기 1, 금성사 입사

1958년 12월, 김해수는 신문 광고에 난 럭키화학공업사에서 라디오를 생산할 고급 기술 간부를 모집한다는 광고를 보고 응시하였다. 지원자 2,000명 중 서류 심사를 거쳐 필기시험 합격자 83명을 선발하였다. 그리고 이 중 다시 7명을 뽑아 최종 실기시험을 치렀는데 회로도를 그리는 문제가 출제되었다. 김해수에게는 이불을 뒤집어쓰고 라디오를 분해 조립하고 만든 경험으로 볼 때 대학생에게 구구단 외우고 답하라는 것처럼 너무 쉬웠다.

금성사 공장 생산 모습. 〈국가기록원〉

최종 합격자는 총 3명이었다. 시험에 합격한 후 첫 출근 날, 구인회 사장이 국산 라디오 1호 전담 설계를 직접 지시하였다. 입사 후 라디오 설계와 관련된 모든 일은 김해수가 주도해서 진행하게 되었는데, 약 1년 후인 1959년 8월에 금성 A-501의 시제품이 완성되어 11월 15일 국산 라디오의 출시가 이루어졌다. 초기 생산량은 87대 정도였고 가격이 2만환 이었다.

김해수가 금성사에서 받은 첫 월급이 6천환이었으니 결코 싼 가격은 아니었지만, 그때 시중에서 3만3천환에 거래되던 미제 라디오에 비하면 훨씬 저렴한 편이었다. 당시 국제신문 보도내용이다. '1959년 11월 15일부터 금성사가 전국 상점에 일제히 라디오를 공급하였다. 금성사는 약 200명의 종업원이 현대적 시설로 된 공장에서 한 달에 3,000대를 만들 수 있다. 라디오는 탁상용이며 케이스는 플라스틱으로 5가지 색상을 출시하였다.'

2) 김해수 이야기 2, 박정희 대통령 만남

라디오 국산화는 여러 가지 문제로 어려움에 직면한 상태가 계속되었다. 설상가상으로 1961년 5·16 후 부정축재 기업가 구금 등 정국은 불안정과 긴장의 연속이었다. 판매가 되지 않아 공장이 가동을 거의 멈춘 상태인 1961년 7월 초 부산 연지동 금성사 라디오공장에 박정희 국가재건최고회의 의장이 예고도 없이 방문하였다. 마침 임원이 외출 중이라 생산과장인 김해수가 현황을 설명하였다.

공장을 둘러본 후 박정희 의장이 "김 과장, 어떻게 하면 한국의 전자 산업이 살아날 수 있을 것 같소"하고 질문을 하였다.

김해수 과장은 "광복동 라디오 가게 진열장은 외제 라디오 박람회장입니다. 국산 라디오는 단 1대도 없습니다. 밀수품의 유통을 막아야 우리나라 전자 산업이 살아남을 수 있습니다"라고 하였다. 며칠 후 밀수품 근절에 관한 최고회의 포고령과 전국의 농어촌에 라디오 보내기 운동 정책이 발표되었다. 라디오 판매부진 영향으로 폐업까지 검토한 금성사가 다시 회생하는 계기가 되었다.

3) 김해수 이야기 3, 카멜레온 라디오

필자도 1970년대 나만의 전용 라디오를 하나 구입하였다. '메아리'라는 브랜드가 기억에 떠오르는데 정확하지는 않다. 자기 몸보다 더 큰 건전지를 등에 업고 노란 고무줄로 칭칭 매어진 라디오를 가끔은 창문틀에 보관하기도 하였다. 몇 개월이 지난 후 배터리 교체를 하려고 하니 라디오 케이스 부분과 고무줄 매어진 곳의 색상이 완전히 달라졌다.

금성사 부산 공장 외부 전경. <구인회 회고록>

금성사 A-501 라디오는 외형 플라스틱 케이스를 연한 회색, 미색, 분홍색, 하늘색, 연녹색, 신혼부부용, 학생용, 거실용 등 다양하게 구분하여 판매하였다. 라디오 판매 소매점은 큰 유리창 너머 진열장에 라디오가 잘 보이게 전시를 하였다. 정오 무렵이면 진열장에 전시된 라디오는 햇빛에 의해 직접 노출이 된다. 천으로 유리창을 가려두는 가게도 있었다. 장시간 그대로 두면 햇빛을 받은 라디오 위쪽은 하얀색으로 변하고 아래쪽은 그대로이다. 즉 색이 옅어지거나 바랜 것이다. 하루 종일 햇빛에 노출했더니 뜻하지 않은 이중컬러 색이 되었다. 이것을 '카멜레온 라디오'라 하였는데 기술 부족에서 발생한 부끄러운 이야기이다. 회사는 전량 수거하여 파기한 사례도 있었다.

금성사 라디오 생산의 책임자였던 김해수(좌측에서 4번째)와 금성사 직원들. <아버지의 라디오>

4) 금성사 라디오 문화재가 되다

책 속의 내용이다. '딸(김진주)은 아버지(김해수) 원고를 정리하면서 아버지가 직접 설계하고 제작한 금성 A-501 라디오를 찾아 나섰다. 진품 구하기가 하늘의 별따기만큼 어렵다 하였다.

전국에 3~4대 있지만, 가격도 수천만원 호가할 정도이며, 딸이 그 소중한 유품하나 간직하지 못해 안타까워 하였다. 팔려는 사람도 없고 제조사인 LG그룹도 모조품을 전시해 놓았다고 한다. 금성사가 최초로 만든 A-501 라디오는 그 가치를 인정받아 '등록문화재 제559-2호'가 되었다.

5) 창원에 있는 민속 박물관

필자가 사는 창원에 민속박물관이 두 곳 있다. '창원민속박물관'과 '김씨네 박물관'이다. 두 분의 박물관장은 사비를 들여 수집한 1960년대 생산된 전자제품과 생활용품 외에 일제강점기 교과서도 전시하고 있었다. 전시장의 시설 유지가 개인 예산으로는 한계가 있어 조금 아쉽다. 지방자치단체나 공공기관에서 관심을 가져 우리 시민의 것, 도민의 것, 나아가 대한민국의 역사 전시장이 되면 좋겠다는 생각을 가진다.

6) 경남에 대한민국 기업사 박물관 설치

필자는 공기업 관광본부장 재직 시 진주 지수초등학교 폐교 부지에 '대한민국 기업사 박물관'을 건립하자고 언론과 세미나에 참석하여 여러 차례 주장하였다.

건국 이후 대한민국 기업이 만든 제품을 연도별로 세세하게 진열한다. 그러면 전시장은 그 시대를 살면서 실제 제품을 사용한 분에게 주는 유·무형의 생산적인 추억과 기억 외에 우리 후손에게 전해질 지적가치는 우리 사회 전체에 소중한 공공의 자산이 될 것이다.

머지않아 이런 박물관이나 전시관이 많이 건립될 것으로 기대한다. 지금 건립하면 소요예산이 100이 필요하다고 가정할 때 5년, 10년 후 설립하면 소요예산은 200, 300 등 기하급수적으로 증가할 것이다. 전시 제품의 종류는 갈수록 숫자가 줄어들 것이다.

김해수의 딸도 "세월이 흘러 진품 구하기가 하늘의 별따기만큼 어렵다" 하였다.

7) 김해수 이야기 4, 아버지의 눈물

김해수의 딸 김진주가 아버지의 일대기를 기록한 '아버지의 라디오' 도서.

'아버지의 라디오' 책에서 마지막 문장이 가슴을 울린다.

김해수는 1979년 한국 전자 산업 발전 공로를 인정받아 대통령 산업포장을 받았다. 박정희 대통령은 그해 10·26으로 서거하였다. 1991년 봄, 딸과 사위 박노해가 민주화 투쟁으로 감옥에 가게 되었다. 이 소식을 접한 아버지 김해수는 거실 한가운데 자랑스럽게 걸어 두었던 대통령산업포장 액자를 거두어 책상 서랍에 살며시 넣었다. '아버지의 라디오'를 지은 김해수 딸 김진주 약사는 경남 거제의 약국에 계신다는 소식을 들었다.

18 _ 구인회의 방송사 경영

조급해하지 말라, 조급할수록 정상적인 방법을 찾지 않는다.

구인회는 고향 진주 지수면 승산리에서 1931년 3월부터 10월까지 약 7개월 동안 동아일보 진주지국 승산분국장 업무도 함께 하였다. 당시 신문사 지사나 분국은 신문 판매나 보급만이 목적이 아니었다. 애국심 강한 지역의 유력 인사들이 참여하여 민족 운동을 선도하는 기능도 하였다. 구인회와 언론과의 인연은 이렇게 시작되었다.

1) 구인회와 이병철의 방송 사업 동업

라디오는 1962년 12월, 김규환 교수가 정부로부터 '라디오서울방송국' 설치 허가를 받았다. 텔레비전의 경우 김용우 전 국방부 장관이 1962년 12월 31일 체신부로부터 방송국 허가를 받았다. 그러나 김규환과 김용우 두 분은 자본이 부족하여 경영이 어려워지자 이병철에게 허가권을 넘겼다.

이병철이 사돈인 구인회를 만나 라디오와 텔레비전 상업 방송을

라디오 청취료 영수증
1943.08.

일제강점기에는 라디오를 청취하면 그 사용료를 지불해야 했다. <대한민국역사박물관>

함께 하자고 제안하였다. 이병철의 제안에 구인회는 금성사가 라디오 생산에 이어 TV 생산계획을 가지고 있었기에 방송사를 경영하면 여러 가지 장점이 많으리라 판단하고 동업에 참여하였다. 1963년 서울방송 주식회사를 설립하고 구인회는 50% 지분을 투자하였다.

공동으로 경영한 방송 사업은 얼마 지나지 않아 구인회가 경영하는 회사 기업문화와 이병철의 회사 기업 문화가 상충되어 여러 문제점이 발생하였다. 두 회사에서 파견된 방송국 직원 간의 갈등과 광고 수입의 적자 문제, 제작물의 이해관계 등이 항상 조율되지 못하였다. 드라마 제작에 막대한 자금 지출도 원인이 되어 구인회는 마침내 1965년 8월 이병철과 함께한 방송 사업에서 철수를 하였다.

2) 최초의 라디오 민간 상업 방송국

1927년 2월 16일 일제강점기 때 경성(지금의 서울) 방송국이 처음으로 라디오 방송한 날을 한국의 방송 시작으로 본다. 해방 후에는 미군정청이 관리를 하다가 1948년 8월 15일 남한 정부기관에 인

1959년 4월 부산문화방송이 최초로 우리나라 라디오 상업방송을 하였다. <국가기록원>

도되면서 한국에도 국영방송(KBS)이 출발하였다.

민간 상업방송은 서울보다 부산이 더 빠르다. 부산에서 민간 상업방송은 '부산문화방송' 회사명으로 1959년 4월 개국하였는데, 이 방송이 대한민국 최초의 민간 상업 방송국 개국이다. 서울은 부산보다 2년이나 늦은 1961년 12월 2일 '한국문화방송주식회사' 이름으로 첫 민간 상업 방송을 하였다. 부산이 서울보다 빠른 이유는 당시 부산 시민들은 국영방송(KBS) 라디오 보다 일본 방송을 많이 들었다. 이를 토대로 기업인이 상업 라디오방송의 가능성을 보고 설립하였기 때문이다.

3) 럭키그룹의 부산문화방송 인수

1983년까지는 럭키그룹, 1994년까지는 럭키금성그룹, 그리고 1995년 이후에는 LG그룹으로 시기에 맞게 명칭을 구분하였다.

부산문화방송과 관련된 내용은 한국학중앙연구원의 향토문화전자대전에 상세하게 설명되어 있다. 부산문화방송이 개국 후 적자가 누적되자 부산일보와 조선견직을 경영하던 김지태가 1960년 4월 인수를 하였다. 그러나 김지태는 5·16 때 부산지역 부정 축재자로 지목되어 환수금 조치 등 여러 가지 어려움을 겪었다. 그 후 1962년 7월에 설립된 5·16 장학회(현 정수장학회)에 부산문화방송의 경영권을 넘겼다.

TV 방송은 1971년 9월 럭키그룹 구자경 회장이 취임하면서 사명을 '부산문화텔레비전방송(주)'로 변경하였다.

5·16 장학회는 1965년 3월 '부산문화방송주식회사'로 사명을 변경하고 1970년 1월 24일 '한국문화방송 부산

텔레비전 방송국'을 개국하였다. 역시 수익사업이 어려워 경영이 어려워지자 럭키그룹 구자경 회장이 1971년 9월 인수하여 명칭을 '부산문화텔레비전방송'으로 변경하였다. 그 후 1980년 언론사 강제 통폐합 시 구자경의 럭키그룹도 방송 사업에서 철수하였다.

우리나라 첫 컬러TV 방송은 1980년 12월 1일 시작되었다.

국영 텔레비전 방송의 경우, 1961년 12월 31일 5·16 군사정변 이후 민심을 무마하기 위해 정부 홍보용으로 KBS-TV가 맨 먼저 개국하였다. 부산 KBS-TV는 1968년 4월 개국하였다. 당시 서울에서 공연한 프로그램은 녹화를 하여 항공이나 철도로 부산까지 운송한 후 다시 편집하여 방송을 하였다. 부산 방송은 서울보다 일주일 정도 늦게 방송되었다. TV화면에도 본방송, 녹화방송이라는 안내 문구가 있었다.

4) 사돈 관계가 된 구인회와 이병철

구인회와 이병철은 1922년 지수보통학교에서 3학년 1학기를 함께 공부한 인연이 있다. 그 후 1951년 7월, 부산에서 삼성물산 주식회사를 경영하던 이병철이 구인회를 찾아가 외국에서 원당 수입을 함께 하자고 제안하였다. 당시 구인회는 락희화학이 크림 사업에 이어 플라스틱 사업에 진출한 시기라 재정과 시간적 여유가 없어 정중하게 거절하였다.

1957년 2월, 해군사관학교를 졸업하고 군 복무를 마친 구인회 셋째 아들 구자학(1930~2022년)과 이병철의 차녀 이숙희가 결혼을 하면서 두 사람은 사돈이 되었다. 두 번째 공동 사업 제안은 1962년, 이병철이 구인회에게 제안한 방송국 공동 경영이었다. 두 사람은 동양방송을 설립하고 공동으로 운영하였지만 앞서 소개한 바와 같이 1965년 구인회가 방송사업에서 철수를 하였다. 해군사관학교에서 구자학과 함께 공부한 분이 감사원장을 역임한 최재형 현 종로구 국회의원의 부친인 최영섭 예비역 해군 대령이다.

5) 상표가 특정 상품의 대명사

상표가 상품 이름으로 인식되는 제품이 많이 있다. 머리가 아플 때 두통약 대신 '아스피린이나 게보린 주세요' 한다. 속이 더부룩할 때는 소화제 대신 '활명수 주세요', 조리할 때 조미료 대신 '미원 주세요' 한다. 상처 난 곳에 붙이는 것도 밴드 대신 '대일밴드 주세요'가 아직도 통용되고 있다.

초등학교 때 어머니가 집 앞 점방(그때는 마트란 상호가 없었고 00상회, 그 후 00 슈퍼라는 상호가 붙었다)에 가서 "백설표 1봉지 사 오너라"하고 심부름을 시켰다. 그것은 설탕을 사오라는 뜻이었다.

백설표는 제일제당에서 생산한 설탕의 상표이다. 대형마트에 갈 일이 생기자 어머니는 '하이타이'와 '퐁퐁' 1통씩 사오라고 한다. 하이타이는 LG화학에서 만든 빨래 세제 제품명이다. 퐁퐁은 그릇이나 과일 등을 씻을 때 사용하는 주방 세제 제품명이다.

19 _ 구인회의 언론사 경영

돈은 있을 때 아껴야 한다.

돈이 없을 때는 아끼려야 아낄 것이 없어 모이지 않는다.

1980년 정부의 언론 통폐합 조치로 럭키그룹은 적지 않은 피해를 보았다. 부산 MBC-TV, 진주 MBC, 국제신문, 경남일보 등 럭키그룹이 소유한 방송 언론기업을 모두 잃었다.

구인회 포목상점은 진주에서 시작하였고, 락희화학과 금성사의 출발지는 부산이다. 지역에서 성장한 기업은 지역을 위해 유·무형의 사회적 참여도 필요하다. 구인회가 지역 언론에 관심을 가지게 된 것도 이러한 이유 중의 하나일 것이다. 구인회는 1964년 5월, 부산의 국제신보(현 국제신문)를, 1969년 7월에는 진주의 경남일보를 인수하였다.

1) 부산에서 국제신보(국제신문)의 탄생

1945년 해방이 되자 한국 최대의 해양도시 부산에도 지역을 대표하는 많은 신문사가 설립되었다. 1945년 7개를 시작으로 1948년까지 모두 12개 언론사가 창간되고 활동을 하였다. 하지만 미군정청의 통제와 수익경영의 어려움으로 창간 4년 이내 대부분 폐간되거나 인수합병 되었다. 부산일보와 국제신문만이 어려움을 극복하고 부산의 양대 신문으로 성장하였다.

기자와 언론인으로 활동한 고성 출신 김형두가 1947년 9월 1일 부산에서 '동아산업신보'를 설립 운영하였다. 그 후 주간지 '수산신문'과 통합하여 '산업신문'이라는 이름으로 출발한 것이 국제신문의 시작이다. 1950년 8월 19일 사명을 '국제신보'로 바꾸었다가 1977년 6월 1일 '국제신문'으로 변경하였다.

2) 구인회의 국제신보 인수

6·25 전쟁 당시 임시 수도가 부산에 있었기 때문에 부산에서 많은 기사가 쏟아져 나왔다. 서울에서 발행되는 일간지는 모두 부산에서 전송을 받아야 하는데, 전쟁으로 인해 통신시설이 파괴되거나 마비되어 전송이 어려웠다.

국제신보는 부산에 본사를 둔 까닭에 시설이 파손되지 않아 국내는 물론 해외 통신에도 뉴스를 제공하는 신문사가 되어 빠른 성장을 할 수 있었다. 당시 지방지로는 상상할 수 없는 10만부의 발행을 기록한 적도 있었다. 그러나 4·19와 5·16의 영향으로 경영 어려움과 재정 악화를 많이 받았다. 국제신보가 지속적인 성장은 고사하고 유지조차 힘든 과정을 겪고 있을 때 부산지역 상공인들이 국제신보 구명 운동을 펼치며 부산에서 락희화학과 금성사를 경영하던 구인회에게 인수를 부탁하였다.

1964년 5월 11일 구인회는 국제신보를 인수하고 대대적인 확장을 꾀했다. 당시 지방지로서는 취재용 경비행기도 도입하였다. 동양텔레비전 부산방송국 TV방송에 국제신보에서 취재한 뉴스도 보도되었다. 럭키그룹이 경영하는 국제신보는 1970년대 부산지역 양대 신문이자 경쟁사였던 부산일보를 능가하는 전국 최고의 지방신문으로 명성을 날렸다.

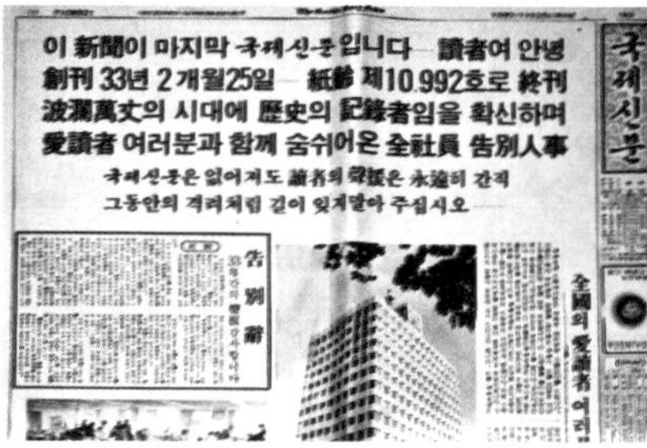
국제신문

이 新聞이 마지막 국제신문입니다 — 讀者여 안녕
創刊 33년 2개월25일 — 紙齡 제10.992호로 終刊
波瀾萬丈의 시대에 歷史의 記錄者임을 확신하며
愛讀者 여러분과 함께 숨쉬어온 全社員 告別人事

국제신문은 없어져도 讀者의 厚誼는 永遠히 간직
그동안의 격려처럼 길이 잊지말아 주십시오

告別辭

1980년 11월 25일 언론 통폐합으로 폐간된 국제신문의 1면 머리기사. 〈부산민주공원〉

1977년에 제호를 '국제신문'으로 바꾸어 다시 한번 도약을 준비하였다. 그러나 부산에서 가장 큰 언론사로 가장 많은 발행 부수를 자랑하던 이 신문도 1980년 11월 언론기관 통폐합에 따라 12월 25일 '부산일보'에 흡수됨으로써 지령 10992호로 폐간되는 시련을 겪었다.

'이 신문이 마지막 국제신문입니다. 독자여 안녕. 창간 33년 2개월 25일. 지령 제10992호로 종간하다. 파란만장의 시대에 역사의 기록자임을 확신한다.' 국제신문 5층 편집국 입구 액자에 걸린 폐간 전 신문(1980년 11월 25일 발행) 1면의 머리기사 제목이다. 1989년 2월 1일 복간되어 2023년 2월 10일 현재 19839호를 발행한 대표적인 지역신문이다.

3) 서정귀 국제신보 사장, 백석, 란

이 시기에 국제신보 사장으로 취임하여 지방지 최고의 신문으로 키워낸 분이 박정희 대통령과 대구사범학교 동기로 국회의원을 지낸 '서정귀'이다. 구인회가 설립한 호남석유(현 GS 칼텍스) 사장을 하였고 그 후 1968년에는 동서식품을 설립하여 경영 중 훗날 제일제당 사장을 지낸 김재명에게 매각을 하였다. 서정귀는 삼성그룹 이병철 회장 편 9회,

문학 속의 국수, 문학 속의 마산편에 일부 소개된 내용이 있다.

서정귀는 백석이 통영에 사는 '란'이를 만나기 위해 북마산역을 나와 마산 불종거리를 지날 때 란이와 함께 서울로 가는 기차를 타기 위해 북마산역으로 함께 동행한 사람이다. 통영 출신인 '서상호' 전 국회의원의 막내 여동생이 밀양 박씨 박성수와 결혼하여 낳은 딸이 란(본명 박경련)이다. 서정귀는 서상호의 6촌 재종손자라 북마산역으로 함께한 란과는 친척관계로 연결되고 있다. 또 다른 기록에 서정귀는 란의 외삼촌이라는 내용도 있지만 창업주 이야기의 주류 내용이 아니라 더 살펴보지 않았다.

4) 진주에서 경남일보의 탄생

1909년 10월, 경남 진주에 우리나라 최초의 지방지 경남일보가 창간되었다. 1920년에 창간된 조선일보나 동아일보보다 10년이나 더 일찍 창간된 신문이다. 1909년 6월 울산 출신 대지주 김홍조와 경남 지방 기업인, 실업인들이 진주에 모여 회사명을 '경남일보 주식회사'로 하고 신문을 발행하기로 하였다. 8월 19일 대한제국으로부터 허가를 받고 10월, 초대 사장에 김홍조, 주필로는황성신문에 '시일야방성대곡' 사설로 민족의 울분을 토로한 장지연을 모셨다.

慶南日報

진주에 본사가 있는 경남일보는 1909년에 창간된 우리나라 최초의 지방 일간지이다. 사진은 창간호 1면 내용이다. <경남일보>

1909년 10월 15일, 경남일보 창간호 8,000부를 발행하여 대한민국 신문사의 새 역사를 세운 날이다.

5) 구인회의 경남일보 인수

경남일보는 일제강점기 강제로 폐간되는 아픈 역사도 가지고 있다. 해방 이후 1946년 3월 1일 경제인들이 주축이 되어 다시 발행을 하였지만 1949년 3월 경영난으로 또다시 휴간을 하지 않을 수 없었다. 창간 42년이 지난 1951년 1월 13일이 되어서야 지령 1,000호를 돌파하였으니 그동안의 휴간, 정간 등 고난의 과정을 짐작할 수 있다.

그 후 설창수, 최재호, 박세제로 경영진은 바뀌었지만 경영난에서 쉽게 벗어날 수 없었다. 경남일보 주식의 절대량을 보유하고 있던 최재호 회장이 더 이상 경영난을 타개할 방법이 없자 구인회 회장을 찾아갔다. 1969년 7월 최재호는 본인이 소유하던 주식 전부를 구인회가 경영하던 럭키그룹에 모두 양도하였다.

구인회가 인수한 경남일보는 구자경을 사장으로 등기하면서 새 출발을 하였다. 약 5년간 경남일보를 경영한 구자경은 1974년 6월 진주에서 병원을 운영하던 의사 김윤양에게 전부 인계를 하고 경남일보 경영에서 물러났다.

6) 김윤양, 김흥치 부자의 경남일보 복간 추진

김윤양이 경영하던 우리나라 최초의 지방 일간지 경남일보도 언론통폐합 정책으로 역사와 전통이 중단되는 불운을 피하지 못하였다. 1980년 11월 25일자 폐간호를 내고 마산의 경남매일(현 경남신문)에 합병되었다. 그 후, 1980년 폐간 당시 주주였던 김윤양 병원장은 복간이 가능해지자 진주시 동성동 윤양병원에 '주식회사 동명, 경남일보 복간 사무실'을 설치하였다. 상호를 '주식회사 경남일보'로 바꾸고 신문사 기수 21기이면서 복간 1기 수습기자를 공채하는 등 연내 복간을 위한 작업을 진행하였다. '경남일보'의 제호를 문화공보부에서 승인하지 않아 1989년 11월 25일 '신경남일보'라는 제호로 복간하여 마침내 최초의 지방신문 역사의 맥을 이어갔다.

김윤양 사장에 이어 아들 김흥치 병원장이 신경남일보 사장에 취임한 후 복간작업은 더욱 활기를 띠기 시작했다. 1999년 12월 20일 문화관광부에 제호 변경을 신청, 접수를 마침으로써 2000년 1월 1일부터 원래 이름인 '경남일보'로 새 출발하게 되었다. 폐간, 정간, 복간을 거친 경남일보는 현재 진주시 상대동 남강변에 독립된 사옥을 가지고 있다. 2023년 2월 10일 기준 21254호를 발행하였다.

7) 마산에서 경남신문의 탄생

1946년 창간된 경남신문은 현재 경남을 대표하는 신문으로 성장하였다. <경남신문>

경남신문은 창원에 본사를 둔 현재 경남을 대표하는 최대 일간지이다. 1946년 3월 1일 마산에서 '남선신문'으로 출발하여 1969년 3월 '경남매일'로, 1981년 1월 '경남신문'으로 제호를 변경하여 오늘에 이르고 있다. 1980년 언론 통폐합 때 진주의 경남일보를 흡수 합병하였다. 창업주 이야기 연재를 한 필자도 경남신문과 간접 인연이 있다. 20여년 전 '문화의 향기 – 흔적' 기획 기사를 취재하여 한국기자협회가 수여하는 '이달의 기자상'을 받은 김다숙 기자가 필자의 가족이다. 지금은 교육자로 활동하고 있다.

8) 이병주 국제신문 주필의 5·16 필화 사건

대표작으로 지리산과 관부연락선을 쓴 작가 이병주(1921~1992년)

는 경남 하동 출신이다. 일본 명치대학 문예과를 졸업한 후 일본학병으로 징용되어 중국 소주 일본군부대에 강제로 배치되었다. 1945년 해방과 함께 귀국하여, 1948년 진주농과대학과 1951년 해인대학(현 경남대학교) 교수로 근무하였다. 1955년 국제신보에 입사하여 1961년까지 논설위원, 편집국장, 주필을 지냈다. 5·16 군사정변을 일으킨 군부 세력에 대해 '나에게 조국은 없다. 다만 산하가 있을 뿐이다'는 내용의 칼럼에 용공 혐의가 씌워져 재판을 받았다. 군사 정권이 만든 혁명재판부에서 징역 10년형을 선고받았으나 2년 7개월간 복역하고 출소하였다. 하동 북천에 이병주 문학관이 세워져 있다.

9) 유한양행 유일한

부자가 되는 비결에는 노력이 아니라 운도 작용하는 경우가 많다. 락희화학이 생산한 럭키칫솔이 그 어렵다는 군대 납품으로 지정되고 난 후 시장에서도 인기가 아주 좋았다. 유한양행 유일한 사장은 칫솔과 관련하여 아쉬운 기억을 가지고 있다. 서울에 회사가 있던 유한양행은 오래전부터 칫솔 제조를 구상하였다. 전쟁이 일어나기 전에 칫솔 제조기를 도입하여 생산 준비를 하였는데 6·25 전쟁이 발발하자 그 시설이 모두 파괴되었다.

이에 반해 구인회의 락희화학은 부산에 공장이 있어 전쟁의 화를 모면하고 생산을 할 수 있었던 것이다. 하지만 유한양행은 좌절하지 않고 대한민국 대표 의약품 회사로 거듭 성장하였다.

필자가 어릴 때 손등이 터져도, 가시에 긁혀 상처가 나도, 입술이 메말라도 만병통치 약품으로 사용한 것이 안티푸라민이다. 이 제품의 생산회사가 유한양행이다.

20_ 정유 사업 진출, 럭키그룹 세계로

파트너에게 믿음을 주라.

언제나 처음 마음 그대로 상대를 인정하라.

1947년 장사를 시작한 지 20년 만에 '동동구리무가 석유'가 되었다. 뜬금없는 표현이지만 이 연재를 처음부터 읽어보신 분은 금방 이해하였을 것이다. 1966년 11월 장기영 경제기획원 장관이 기자회견을 하였다. "정부는 제2정유공장 실수요자를 전남 여수에 건설될 락희화학 계열의 호남정유로 결정하였습니다."

1) 새로운 사업을 찾아라

1965년 1월, 구인회가 락희화학 구평회 전무와 한성갑 기획부장을 호출하여 "새로운 프로젝트에서 손을 놓은 지 오래되어 답답하니 뭐 딴거 해봐야 될 거 아니가. 새로운 것 검토 한번 해보게나"하였다.

락희화학은 지금까지 석유 화학 제품인 플라스틱을 활용한 완제품이나 소모품 합성세제를 생산해 왔다. 이와 관련하여 두 사람은 현재 생산과 관련 있는 석유화학 산업은 물론 더 나아가 정유공장 설립까지 새로운 사업 대상으로 범위를 넓게 확정하였다.

당시 전력과 기름 등 에너지 산업은 국가 기간산업이라 민간인에게 허용하지 않았다. 1962년 설립된 대한석유공사(현 SK에너지)와 1964년 4월에 설립된 대한석유공사 울산 정유공장이 가동되는 정도였다.

2) 정유 사업 진출 결심

정유 사업은 자본이 많이 드는 기간산업이다. 멀리 내다보면 반드시 락희화학으로서는 해야만 하는 필요한 사업이었다.

락희화학이 주로 사용하는 폴리에틸렌을 만들려면 에틸렌이 필요하고 나프타 분해를 해야 한다. 나프타 분해를 하려면 석유 정제가 필요하다. 이렇듯 석유와 관련된 사업은 천문학적 자금이 필요하여 일반 기업은 쉽게 접근할 사안이 아니었다. 에틸렌 같은 중간 원료 생산 공장만 할 것인가? 나프타 분해 공장까지 갈 것인가? 아니면 가장 상위 사업인 석유 정제까지 갈 것인가? 고민은 깊어만 갔다. 두 사람의 보고서를 읽은 구인회는 "대붕은 언제나 멀리 보고 높이 난다는 사실을 잊지 마소. 사업 범위를 가장 상위인 정유 사업으로 설정합시다."

1967년 설립된 호남정유(주)는 1996년 LG정유로 사명을 변경하였다. 2005년 LG와 GS로 계열 분리되면서 'GS칼텍스'가 되었다. 사진은 여수공장 모습. 〈GS칼텍스〉

3) 첫 번째 도전, 한국석유화학공업 주식회사

GS칼텍스 야간 공장 모습. 〈GS칼텍스〉

이날부터 락희화학 기획 담당은 가칭 '한국석유화학공업 주식회사'의 이름으로 석유 정제에서 나프타 분해, 폴리에틸렌을 비롯 석유 화학계열 공장까지 복합 내용의 사업 계획서를 작성하였다.

1965년 가을, 이 사업계획서를 경제기획원, 상공부 등 정부 허가 기관에 제출하였다. 처음 생각한 대로 정부의 반대는 강했다. 가장 큰 이유가 이런 방대한 계획은 연간 매출 30억원 정도의 락희화학이 감당할 수 없다는 것이었다. 당시 락희화학의 정유 사업 진출이 외부에 보도되고 알려지자 '구름 잡는 애기, 봉이 김선달 한강물 팔아먹는 프로젝트'라고 풍자할 정도로 구인회는 체면을 구겼다. 그만큼 규모가 엄청난 것이었다.

장기영 경제기획원 장관이 자금과 관련하여 어떻게 조달할 것인지 묻자, 락희화학은 외국 차관으로 충당할 수 있다고 하였다. 장 장관이 "외국에서 차관을 얻어오면 다시 얘기하라"는 한마디에 한가닥 희망을 가지고 1966년 2월 구인회는 한국에 투자할 외국 회사를 찾아 출국을 하였다.

4) 두 번째 도전, 반도석유 주식회사

일본 미쓰이물산과 미국 모빌과의 협상으로 현금 확보를 확신한 후 가칭 '반도석유 주식회사' 이름으로 다시 한번 더 정유 사업 계획서를 제출하였다. 이 시기에는 국산 자동차도 생산되기 시작하여 석유의 수요량이 늘어나고 제2정유공장의 필요성도 부각되고 있었다.

정유 시설은 입지도 매우 중요하다. 원유 공급을 위한 대형 유조선이 접안할 수 있어야 하고 공업용수도 풍부해야 하며 교통도 편리한 곳이어야 한다. 공장입지 후보로 전남 여수와 충남 비인, 경남 삼천포를 구상하였지만 최종적으로 여수 북쪽 삼일면 월내리가 최적지로 선정되었다. 전남 여수를 최종 후보지로 결정한 것은 입지 조건이 우수한 것 외에도 영남 지역인 울산에 정유 공장이 있고, 대통령이 영남 출신이라 호남 지역의 균형 발전을 위한 것도 작은 이유의 하나였다. 그러나 락희화학이 경제기획원, 상공부 등에 제출한 사업 계획서에 대한 반응은 한동안 소식이 없었다.

5) 세 번째 도전, 호남정유 이름으로

1966년 5월 8일 신문에 제2정유공장 실수요자는 공모를 통해 선정한다는 정부 공고가 게재되었다. 두 번의 실패한 경험을 토대로 이번에는 반도석유라는 명칭 대신 호남이라는 지명을 넣어 '호남정유'로 바꾸어 신청하였다.

박정희 대통령이 참석한 1967년 2월 20일 호남정유 여수공장 기공식 모습. 〈구인회 회고록〉

6월 10일 마감 결과 모두 6곳의 대기업이 참여하였다, 대한민국의 내로라하는 대기업들이 지명권을 받기 위해 도전장을 낸 것이다.

① 동방석유 – 신격호 롯데그룹

② 삼남석유 – 서갑호 판본방직 계열

③ 동양석유 – 김종희 한국화약 계열

④ 삼양석유 – 송대순 삼양개발 계열

⑤ 한양석유 – 김연준 한양재단 계열

⑥ 호남정유 – 구인회 락희화학 계열

1960년	1972년	1979년	1987년	1994년
삼성	삼성	현대	현대	삼성
삼호	럭키	럭키	삼성	현대
개풍	한진	삼성	럭키	LG
대한	신진	대우	대우	대우
럭키	쌍용	효성	선경	선경
동양	현대	국제	쌍용	쌍용
극동	대한	한진	한화	한진
한국유리	한화	쌍용	한진	기아
동립산업	극동해운	한화	효성	롯데
태창방직	대농	선경	롯데	한화

60년대부터 LG그룹은 국내의 대표적 기업으로 정착되었다. 〈공정거래위원회〉

당시 언론은 호남정유와 한양석유가 유력하다고 평가하였다. 한양석유는 한양대학교 재단이 주축이었고 서울 근교 부동산을 소유하여 재력의 넉넉함이 강점이었다. 호남정유는 락희화학이 일찍부터 합성수지와 전기 기계를 경영하는 실력이 풍부하고 지속적으로 성장하는 기업능력이 강점이었다.

당시 삼성그룹이 50억원대 매출, 락희는 30억원대 매출 규모였다. 지속적인 성장으로 삼성과 그 격차를 줄이는 중이었다.

경쟁이 치열하면 소문도 무성해지는 법이다. 언론에서도 여러 가지 확정되지 않은 소문들이 나돌기 시작하는 등 대한민국 경제사를 흔드는 제2정유공장 실수요자 사업은 온 국민이 관심을 가지고 있었다.

어느 신문의 해설 기사에 제2정유공장의 선정 회사를 아는 사람은 주무담당자인 황병태 경제기획원 공공차관 과장, 주무부서 장관, 그리고 대통령으로 당시 세 사람 외에 하늘과 땅만 안다고 할 정도로 철저히 보안에 덮여 있었다.

6) 부인, 그동안 고생 많이 하였소. 고맙소

1966년 11월 17일 장기영 경제기획원 장관이 기자회견을 하였다.

"정부는 제2정유공장 실수요자를 전남 여수에 건설될 락희화학 계열의 호남정유로 결정하였습니다." 락희화학은 지정되었다는 기쁨을 뒤로 하고 신속하게 후속 처리를 진행하여 나아갔다. 1967년 2월 20일에는 박정희 대통령을 모시고 여수에서 공장 기공식을 하였다. 1967년 5월에는 칼텍스와 합작법인 '호남정유 주식회사'를 설립하였다.

숨 가쁘게 진행해 오던 공장 설립이 어느 정도 안정을 찾자 구인회는 1967년 7월 합작사인 칼텍스의 초청으로 부부 동반 미국 여행을 하는 여유를 가졌다. 여행은 누구에게나 설레게 하는 법, 예순 살의 구인회가 부인과 함께 여행하며 옛이야기도 나누면서 멋쩍은 유머를 남긴다. "부인, 내가 이렇게 잘 사는 것은 부인이 두꺼비 상이라 그렇소, 그동안 고생 많이 하였소, 고맙소."

1969년 6월 3일 준공식 날 박정희 대통령은 1967년 기공식에 이어 또 한 번 참석하여 준공식 격려사를 남겼다.

필자는 "구인회는 어떠한 사람으로 표현할 수 있겠습니까"하고 질문을 받으면 "최초에 도전한 기업인, 격동의 시기 한국 제조기업의 광야를 개척한 기업인, 겨울에도 들판에서 봄 꽃이 피어나게 만드는 혁신의 상징 구인회"라고 망설임 없이 대답을 하고 싶다.

7) 이보게, 자네가 이 자리에 앉게

"이보게, 오늘부터 자네가 럭키그룹 회장이네, 이 자리에 앉게."

구인회 회장이 별세하자 둘째 동생 구철회 락희화학 사장이 조카인 구자경 부사장에게 한 말이다.

'구인회 회장, 1969년 12월 31일 별세.'

1970년 1월 7일, 구자경 럭키그룹 2대 회장에 취임.

약 2,000매의 원고지 분량 마지막 장에 기록되어 있는 내용이다.

구인회 회장은 1969년 12월 31일 대한민국 경제의 한 축을 이루어 놓고 돌아가셨다. 플라스틱, 전자, 화학 산업의 대한민국 선구자로 경제 분야에 역사적 기록을 남겼다. 선비정신이 강하게 작용한 가정에서 태어났지만 상인이라는 신분으로 스스로 변신하여 새로운 영역을 개척하였다. 자녀 10남매, 동생 5명 그리고 허씨 가족과 50년 넘게 회사를 운영하면서 잡음 하나 없었다.

일제강점기를 포함하여 해방 이후 우리 경제사에 '최초의 생산'이라는 수식어가 든 제품명은 하나하나 나열할 수 없을 정도로 많다. 그런 점에서 LG그룹에서 생산한 제품은 대한민국 산업사의 박물관과 역사의 한 축을 차지할 것이다.

물러섬과 비워줌을 아는 선비 정신의 실천과 배려, 버릴 줄 알고 양보할 줄 아는 경영 철학, 구인회 형제와 허만정 자녀들의 비껴서는 경영 방식도 깊게 연구해야 할 가치가 있다고 생각한다. 앞선 세대들이 개척의 역할을 다하고 물러섬으로써 다음 세대 인재들의 실력을 발휘할 수 있게 해 준 LG 기업의 기록은 대한민국 기업 창업사의 필수 기록유산이 되기를 희망한다.

2

기억을 기록으로

As a record of memories

1_ 폐교된 구 지수초등학교 부지를 확보하라

2014년 2월, 필자는 관광사업본부의 역할과 경남 관광의 방향에 대해 도지사에게 업무보고를 하였다. 창업주 고택을 활용한 경남도 관광상품의 필요성, 외국인 중 특히 중국인 관광객의 경남 유치에 적합한 상품 개발과 홍보의 필요성도 설명하였다.

사실 필자도 이때까지는 구인회, 이병철, 조홍제 모두 지수초등학교를 졸업한 것으로 알고 있었다. 그래서 세계적인 기업인이 초등학교 동문이라는 것에 중점을 두었다. 경남 기(氣) 받기 관광의 핵심은 폐교가 되어 그대로 방치돼 있는 구 지수초 건물과 운동장의 활용이었다. 2009년 3월 1일 지수초등학교는 인근 송정초등학교와 통폐합을 하였다. 학교 명칭은 지수초등학교로, 학교 위치는 송정초등학교 교사를 사용하기로 하였다. 통합전의 지수초등학교 건물과 운동장 등 부대시설은 진주교육청에서 매각 계획을 가지고 있었다.

1) 사전 조사

2014년 3월~4월 말 진주시 지수면, 의령군 정곡면, 함안군 군북면 소재 창업주 생가 및 주변 시설 조사를 하였다. 그리고 함양 개평마을, 고성 학동, 산청 동의보감촌과 남사예담촌 등 경남을 대표하는 가장 한국적인 풍경을 가진 지역을 찾고 자료 수집과 조사를 하였다.

(1) 2014년 4월 29일 지수면 사무소를 방문, 승산리 고택 현황에 대한 설명을 들었다.

(2) 2014년 5월, 진주교육청, 경상남도교육청, 진주시청 관계자를 찾아가 지수초등학교 폐교 건물 활용 논의를 하였다.

2) 진주, 의령, 함안 관광 관계자와 간담회

2014년 6월 9일 오전 11시, 경남개발공사 관광사업본부 회의실에서 진주시, 의령군, 함안군 관광 담당자를 초빙하여 창업주 고택을 활용한 기 받기 관광코스 개발 간담회를 개최하였다.

(1) 진주시 문화관광과 김은순 주무관은 "지수면 고택 상시 개방은 민간 소유라 검토가 필요하다. 현재 진주시는 관광지가 다양하게 분포되어 있어 균형 관광 정책을 펴고 있는데, 지수면만 관광하는 일정 개발에 대한 계획을 추진하기에는 애로사항이 있다"는 의견을 주었다.

(2) 함안군 문화관광과 배현주 주무관은 "효성그룹 조홍제 창업주 생가 주변 도로를 정리하고, 주차장을 개설 후 관광지로 개발할 예정이다. 생가 주변 도로 확장에 대해 현재 3억원 정도 예산을 확보한 상태"라고 함안군의 계획을 알려 주었다.

(3) 의령군 의병문화교육과 윤재환 계장은 "행정부 지원 10억원의

예산을 배정받아 '부자 기 받기 걷기 코스'를 개발, 시행할 정도로 창업주 고택을 활용한 부자 기 받기 관광코스 개발에 관심이 많다"라고 밝혔다.

윤재환 계장은 주말을 이용, 의령 관내 '부자길 걷기'를 기획하고 주관하여 의령군을 전국적인 관광 명소로 부각하는데 일조한 공무원이면서 시인이었다.

2014년 7월 초까지 지역 관광 전문가와 함께 '특색 있는 경남 관광상품 만들기'라는 주제를 완성하기 위해 지수 및 의령, 함안 현장 조사를 하였다.

폐교된 지수초등학교 운동장에 '한국 기업사 전시장'이 있으면 이것을 중심으로 방문객 유치 경쟁력을 높이고 건물은 교육장으로서 가치가 있을 것이라고 판단하였다. 그리고 창업주 세 사람의 고택을 직접 견학하여 부자 기운을 받는 일정으로 방향을 설정하였다.

3) 경남 교육감에게 구 지수초 매각 보류 요청

2014년 7월, 진주 교육지원청에서 폐교된 지수초등학교를 공매 처분할 것이라는 신문 공고가 나왔다. 교통이 편리하여 구 지수초 매각에 일반인도 많은 관심을 가지고 있다는 것을 알게 되었다.

솔직히 공기업에 처음 근무하는 필자는 공공건물의 매각이나 매입 등의 절차적 진행을 잘 몰랐다. 2014년 8월 5일 구 지수초등학교 부지 매각과 관련하여 허인수 경상남도 교육감 비서실장을 찾아가 폐교된 지수초의 활용 방안과 그리고 일반인에게 매각되어서는 안 된다는 당위성을 설명하였다. 허 비서실장은 박종훈 교육감에게 직접 설명토록 자리를 마련해 주었다. 교육감에게 지수초등학교의 가치와 존치 필요성, 폐교 건물의 활용방안에 대해 말씀드렸다.

교육감은 폐교 재산 활용 촉진 법률을 검토하고 가능하면 사회의 자산으로 활용할 수 있도록 적극 도와주겠다는 말씀을 해 주셨다. 그리고 담당 부서인 진주 교육지원청과 연결까지 도와주었다.

2014년 8월 13일 진주 교육지원청을 방문하여 김광수 재산담당 과장(055 740 2120), 정연재 주무관(055 740 2163)을 만나 경남 교육감과의 면담 내용을 전달하였다. 김광수 과장은 바로 매각하지 않고 3개월 정도 보류하겠으니 그동안 좋은 대안을 제시해 달라는 의견을 주었다. 개인정보와 관련 없는 사무실 전화번호를 남기는 것은 내용과 기록의 신뢰를 높이기 위함으로 특별한 의미를 둔 것은 아니다.

2_ 지수초등학교의 갈림길

폐교된 지수초등학교를 활용, 경남의 대표적인 산업 관광 자원으로 만들기 위해서 이곳에 기업 전시관, 기업 역사관, 기업인 기념관, 대한민국 기업인 명예의 전당 등이 필요하다고 제안 한 적이 있다. 명칭은 달라도 모두 유사한 주제이다. 그리고 지수초등학교 매입에 가장 적합한 곳이 LG그룹이라 판단하였다.

1) LG그룹에 관심 촉구

2014년 8월 18일 LG그룹 비서실 한광택 차장에게 연락을 하였다. 경남교육청과 협의한 폐교된 지수초등학교 매각 보류 사실과 인수 후 활용 방안에 대해 의견을 교환하였다. 그리고 LG그룹 구자경 전 회장님과 면담도 요청하였다. 필자도 대기업 회장 비서실에 근무한 적이 있어 기업 책임자와 면담 절차를 잘 알지만 이런 문제는 결정권자가 방향을 제시하지 않으면 오랜 시간이 소요되기 때문에 책임자를 만나는 게 빠른 해결책 중 한 가지 방법이었다.

2) 진주시청에 관심 촉구

2014년 8월 21~22일 진주시장 비서실 김성일 주무관(055 749 2130)과 통화하여 진주시장 면담을 신청하였다. 그리고 진주시청 재산 담당자 강미옥(055 749 5171), 건설과 정성수 계장(055 749 5450), 신동석 주무관(010 6616-**** 휴대폰)에게 연락하여 지수초등학교 폐교를 진주시청에서 매입하여 경남개발공사에 위탁하거나 직접 운영하는 등 여러 가지 대안을 전달하였다.

구자경 LG그룹 회장은 아버지와 삼촌이 졸업한 지수초등학교 동창회장을 하면서 학교의 발전에 남다른 공헌을 하였다. 사진은 구자경 회장이 남긴 친필 휘호이다.

필자의 회의자료에 기록된 당시의 진주시청 의견은 "진주시 예산에서 당장 수익을 창출하지 못하는 곳에 22억~24억원의 돈을 투자할 여건이 현재로서는 어렵습니다. 진주시에서는 LG그룹이 매입하여 경제교육장이나 전시장 등으로 활용하면 행정적으로 최대한 지원하겠습니다"라고 하였다. 이 사실을 LG 비서실에 알렸지만 LG는 폐교된 지수초등학교를 매입하여 활용할 계획을 현재로서는 가지고 있지 않다는 의견을 보내왔다. 양쪽의 원론적인 답변에 별다른 진전이 없었다.

3) 각 기관의 매입 어려움

답답한 심정에 삼성그룹과 의령군청에 매입 요청을 부탁하였다. 삼성 비서실은 "현재 정해진 관련 업무 담당자가 없다"며 그날 후 더 이상의 통화나 연락이 힘들었다. 의령군과 함안군은 "폐교된 지수초등학교 소재지가 진주 지역이라 매입이나 임대가 매우 곤란하다"는 입장을 전해왔다.

폐교된 지수초등학교를 두고 풀어야 할 난제 중 매입을 누가 하느냐 문제에서 한 걸음도 신척이 없었다. 진주시, 의령군, 함안군 세 곳의 지자체 생각이 달라 조율이 쉽지 않았다. 경남개발공사에서 매입하거나 경남도청에서 매입을 추진하기 위해 여러 조항을 살펴보았다. 경남개발공사가 이곳을 매입하는 것도 공기업 규정상 쉽게 진행할 수 있는 방법이 달리 없었다.

4) 경남개발공사, 진주시청과 LG그룹 중재

2014년 9월 18일, LG그룹 회장 비서실에 연락하여 좀 더 강력하게 의사 전달을 하였다. "폐교된 지수초는 LG그룹 창업주 회장, 2대 회장이 다닌 역사적인 곳이니 LG에서 매입하여 운영하는 것이 가장 상책이다. 훗날 LG 기업사, 경제사 기록의 중요한 내용이 된다. 그리고 LG에서 '관심 없다'고 하는 것이 정말로 회장님에게 보고한 후 회장님의 생각인지, 아니면 비서실에서 판단한 것인지 확인을 위해 무조건 찾아가겠다"고 하였다.

강력하게 의사를 전달하여서인지 며칠 후 LG 비서실에서 한 단계 나아간 소식을 알려왔다. "LG에서 폐교를 매입한 후에는 진주시의 관심과 지원이 있어야 하는데, 현재 진주시와 LG는 몇 가지 의견이 일치되지 않는 것이 있어 바로 매입은 어렵다"는 LG 측 진행 내용을 알려 주었다.

진주시와 LG가 서로 협의가 안 되는 부분은 경남개발공사가 중재

역할을 할 테니 LG의 요구 내용을 알려달라고 요청하였다. 그리고 진주시에도 LG와 진행 중인 내용을 알려달라고 하였는데, 진주시 관계자는 LG와의 진행 내용을 제3자에게 정보 제공하는 것이 어렵다고 하였다.

물 없는 강 위에 홀로 있는 배와 같은 심정이었다. 가치를 모르고 현재의 기준에만 적용한 각종 행정 정책이 얄미웠지만 내가 할 수 있는 것은 없었다. 경남개발공사를 관할하는 경남지사와 면담을 요청하였지만, 도청 직원의 '면담 6하원칙을 보내 달라'는 까다로운 요청에 필자는 폐교된 지수초등학교 살리기 업무에서 결국 손을 놓았다.

자료에 쌓인 먼지를 털고 다시 지수초등학교와 경남 출신 창업주 세 분에 관심을 가지게 된 것이 2020년 1월 코로나19가 시작된 시점이었다. 발도 바퀴도 없는 세월은 무심하게 지나갔지만 남겨진 자료에는 아직 다 지워지지 않은 본부장 시절의 열정과 온기가 남아 있었다.

3_ 지수면 주민단체 매각 보류 진정서 제출

LG와 진주시의 의견 차이는 당연히 발생할 수 있다. 그러나 그 의견 차이를 알지 못한 상태에서 제3자가 할 수 있는 것은 없었다.

답보상태가 계속되고 다른 업무로 인해 본인도 폐교된 지수초등학교 매각 문제에 관심과 의욕이 줄어들었다. 그 사이 3개월이 지나 진주교육지원청에서 다시 매각을 추진한다는 소식이 들려왔다.

1) 지수면 각종 사회단체 진정서 제출

2014년 11월, 지수면에 있는 각종 사회단체가 합동 명의로 지수초등학교를 일반인에게 매각하지 말아 달라는 진정서를 진주 교육지원청장 앞으로 보냈다.

진주교육지원청에서 재매각을 시도한다는 소문에 진정서를 제출한 것으로 보인다. 지수면 자치위원회 위원장 허성태, 지수면 이장단 회장, 지수면 청년회 회장 정동왕, 지수면 부녀회 회장 김선자, 지수를 사랑하는 모임 회장 이병욱, 지수면 바르게살기위원회가 동참하였다. 지수면 마을 단체에서도 지수초등학교 출신 기업이나 기업인이 매입하도록 노력을 하였다는 소식을 가끔 들었지만 명쾌한 답을 주는 매입자가 없었던 모양이다.

허성태 지수면 자치위원장은 필자에게도 지수초등학교가 민간인에게 매각되지 않도록 노력해 달라고 부탁도 하였지만 필자가 할 수 있는 것은 없었다. 미안함과 무능함에 스스로 위축되어 있었다.

허성태 위원장은 필자에게 지수면 승산리를 잘 알기 위해서는 꼭 읽어 보아야 한다면서 지수면 허씨 집안의 큰 어른이셨던 허준의 기록물을 정리한 '지신정 허준 유고집'을 비롯 지수초등학교 관련 여러 자료를 제공해 주었다. 교육생과 함께 지수마을을 견학 할 때 대인답게 허씨 문중의 상징인 지수 '연당'도 공개하며 차와 음료 등 넉넉한 인심도 베풀어 주었다.

정치인 허경영과 지수초등학교 같은 반 친구로 재학 중 허경영의 천재적인 지능으로 만화를 그렸다는 이야기도 들려주셨다.

지수를 찾게 되면 찾아가 인사도 드리고 한다. 하지만 필자가 '효성그룹 조홍제 회장이 지수초등학교 졸업생이 아니다'는 주장에 지수초등학교 총동창회장을 하신 분이라 마음이 편하지 않은 적도 있었다. 어느덧 세월이 흘러 현재 지수면의 산증인으로 이제는 지수면의 어른이 되셨다.

2) 중단할 수 없는 경남 부자 기 받기 상품 개발

지수초등학교 매입을 통한 기념관, 전시관, 역사관 등의 계획은 진행이 중단되었지만 창업주 고택을 통한 경남 부자 기 받기 관광 상품의 개발 계획은 계속 진행하였다.

2015년 4월 17일, 매일경제 신익수 관광 전문기자에게 "경남에 특이한 관광자원이 있으니 검토해 달라"고 하였다. 신익수 기자는 관광 전문기자로 경남의 관광 자원 설명을 듣고 숨겨둔 보석을 발견한 듯 '기가 찬다 기찬 여행'이란 특집 기사로 전면에 걸쳐 보도해 주었다. 신익수 기자의 '경남 기 받기 관광'이란 제목의 기사가 보도된 후 전국에서 많은 전화를 받았다. '기 받기 관광'이라는 이색 상품이 전국에 조금씩 알려지기 시작한 것으로 보였다.

한편 의령에서는 부자 기 받기와 관련하여 '부자 기 받기 부자길 걷기'를 추진하였다. 걷기 코스가 의령군으로 제한되어 있지만 매주 토요일, 의령군청에 근무하고 있는 윤재환 계장이 함께 걸으면서 설명하고 안내하는 일정이다.

2015년 여름, 이래호 경남개발공사 관광사업본부장이 기획을 하고 의령군이 행정지원을 하여 고택 활용 부자 기 받기를 코레일 관광상품으로 제출하였다.

한국철도공사 부산경남본부 정의주 영업처장이 중국인 팸투어 실시 겸 현장 조사를 위하여 다녀갔다. 이를 계기로 2015년 가을부터 언론에 '부자 기 받기 관광'이라는 표현이 많이 증가하였다. 경남개발공사가 제안하고 의령군과 함께 하는 의령군 부자 기 받기 관광 상품이 코레일 정식 상품으로 채택되어 전국적으로 홍보가 되었기 때문이다.

3) 전경련 산하 자유와창의교육원장 의령 방문

2015년 11월 18일, 전경련 산하 '자유와창의교육원'에서 연락이 왔다. 송병락 원장이 창업주 고택을 활용, 경제관광의 가능성을 검토하기

2015년 11월 18일 전경련 산하 자유와창의교육원 송병락 원장과 필자가 오영호 의령군수를 방문, 관광 발전을 위한 폭넓은 대화를 나누었다. 〈이래호〉

위해 의령지역을 방문하는데 만나고 싶다는 내용이었다. 이에 필자와 오영호 의령군수, 송병락 원장과 함께 다양하고 폭넓은 의견교환을 하였다.

송병락 원장은 서울대 교수를 지낸 분으로 동·서양 전략의 대가들을 분석하여 정공전략, 변칙전략을 소개한 '전략의 신' 저자이기도 하다. 풍부한 이론과 절제된 표현으로 대화를 나누시던 모습이 지금도 기억에 선명하다. 그리고 오영호 군수가 "저는 그렇게 학문의 깊이가 있지 않습니다. 그리고 솔직히 관광에 대해 잘 모릅니다. 그러나 군민에게 무엇을 해야 하는지는 잘 알고 있습니다. 의령은 모든 것이 부족합니다. 원장님과 이 본부장이 관심을 가져 의령 관광이 활성화될 수 있도록 도와주십시오. 군수로서 할 수 있는 모든 것을 지원하겠습니다"라며 군민을 위한 애정과 추진력을 힘주어 강조한 그때의 모습이 생생하다.

4) 생활속의 토정비결

대통령의 집무 공간이 있었던 '청와대'에 '천하제일복지'라는 풍수와 관련된 표지석이 있다. 길지, 좋은 터 등 긍정의 뜻을 의미하는 표현을 듣게 되면 마음의 위안이 많이 된다.

오늘날 복잡하게 얽힌 현대사회를 살아가면서 우리의 일상생활 주변에도 늘 풍수지리적 해석을 요하는 것들이 많이 있다. 좋지 않은 해석이면 조심하면 되고, 좋은 해석이면 삶의 활력소로 가지면 될 것이다.

공룡 발자국 몇 개를 가지고 전 세계를 놀라게 한 대한민국 생명과학농업의 전문가인 이학렬 경남 고성군수 집무실을 몇 번 방문하였다. 필자의 느낌에 집무실의 구조와 책상, 소파 등 비품의 방향이 맞지 않았지만 군수가 방문객을 접견하는 곳이 따로 있어 군수 집무실의 터가 꽉 짜인 구조물처럼 조화를 이루고 있었다. 무려 12년의 군수 임기를 잘 마무리하여 관복을 누리셨다. 해군사관학교 출신답게 업무나 성격도 시원하였다.

청와대에 있는 천하제일복지 표지석.
〈이래호〉

중국에서 가장 잘 사는 농촌 마을을 만들어 전 세계인이 찾아오는 '천하제일 화서촌'을 만든 분이 화서그룹 회장이자 화서촌 촌서기 '오인보'이다. 고성군수와 오인보 회장과 만남을 위한 방문기획을 필자가 하였다. 이학렬 군수의 과감한 결단과 빠른 추진으로 중국 화서촌과의 국제교류를 성공한 기록이 있다. 당시 중국에 대해 폭넓은 지식을 가진 고성군청 박광명 팀장의 노력도 잊을 수 없다.

앞서 소개하였지만 필자는 전경련 송병락 원장과 함께 의령군수 집무실을 방문하는 기회가 있었다. 필자의 개인 생각이다. 필자가 근무한 거평그룹 회장 집무실 및 시, 군, 도청 및 정부기관 책임자의 방을 방문한 적이 있는데 왠지 필자의 느낌에 의령 군수님의 집무실 배치가 조금은 어색하다고 느꼈다.

뜬금없이 필자가 풍수지리를 인용하는 것이 이상하겠지만 새해가 되면 신년운수나 토정비결을 보거나, 집에 해바라기 그림을 두거나, 침대 위치를 어디에 두는가 하는 것은 마음의 만족과 편안함을 위한 것이다. 주역을 인용하든 생활속 풍수를 인용하든 내 마음이 편하면 좋은 것이고, 좋지 않다고 하면 언행을 더욱 조심하면 된다.

우리네 어머니가 정화수를 떠 놓고 기도하는 것은 기도의 힘보다 더 강한 '정성의 힘'과 잘될 것이라는 '긍정의 힘'이 합쳐진 것이 아닐까 생각해 본다.

4_ 언론에 나타난 지수초등학교

지수초등학교와 관련된 오래된 신문 자료를 발견하였다. 1926년 6월 16일자 동아일보 기사 내용이다. '진주군 지수면에 있는 지수보통공립학교의 학생이 날로 감소되므로 이를 염려하는 각 면 유지들이 수천원을 모아 무산 자제의 학비를 지급하고 교육을 진흥키 위하여 장학회를 조직하다.'

개교된 지 5년도 되지 않아 학생수 감소가 문제로 떠오른 것이, 마치 2000년대 지수초등학교 통폐합을 예언한 것 같다. 오늘날 농촌 사람들이 도시로 이주를 하듯이 일제강점기에도 개화사상과 신식 문명을 배우기 위해서, 또는 도시에서 일자리를 찾기 위해 농촌을 떠나자 발생한 문제로 예나 지금이나 유사한 농촌 인구 감소 문제이다.

1930년 4월 11일 동아일보 기사 중에는 부모 교육열의 한 단면을 보여주는 보도 내용이 있다. '지수보통학교의 교육에 무성의한 교장을 성토하고 학부형들이 도청에 진정서를 넣었다.'

1) 1990년대 언론에 보도된 지수초등학교

1990년대 들어 산업사회가 활발해지고 도시화가 급격히 이루어졌다. 이에 따라 농촌의 아이들 숫자가 줄어들자 면, 리 단위의 학교는 신입생을 받지 못하여 인근 학교와 통폐합 되었다. 1921년 개교하여 구인회와 구자경 등 숱한 기업인을 배출한 지수초등학교도 농촌 인구의 감소와 학생수 부족으로 통폐합 문제에서 피할 수 없게 되었다.

1997년 4월 11일 국제신문에 '지수초등-중학교 통합 추진'이라는 제목의 기사가 게재되었다. 1999년 9월 6일 중앙일보에 실린 기사내용이다.

'지수초등학교가 폐교 위기에 직면하자 이 학교 졸업생인 LG그룹 구자경 전 회장이 사재를 출연하여 지수초등학교 환경을 개선하기 위해 체육관과 급식소 등의 건물을 기증하기로 하였다.'

1999년 9월 7일 국제신문, 모교 살리기 '그룹 회장님 나섰다' 학생수가 적어 주변 송정초등학교와 통폐합 될 위기에 놓이자 이 학교 졸업생인 구자경 LG그룹 명예회장 등 동문들이 발 벗고 나섰다.

구자경 명예회장은 학교를 살리기 위해 시설 현대화를 위해 강당과 급식소 기능을 갖춘 체육관도 짓기로 하였다. 동창회에서도 전입하는 학생에게 장학금을 지원하는 등 노력의 결과 4명이 전학을 와 51명으로 통합대상에서 겨우 벗어났다. 이들의 노력으로 지수초등학교와 송정초등학교의 통폐합은 유보된 상태라고 보도하였다.

1999년 9월 17일 국제신문 사설 '도청도설'에 폐교 살리기 제목의 글이 실렸다. '개교 78년의 전통을 가진 경남 진주시 지수면의 지수초등학교도 현재 재학생수는 47명. 총동창회는 1백명이 넘을 때까지 전교생에게 30만원의 학자금을 매월 지원하는 방안을 마련하고 재원도

확보했다고 한다.'

1999년 12월 1일 국제신문, 재벌 산실 '진주 지수초등 폐교 위기 딛고' 기사의 요지는 학생 감소로 폐교 위기에 몰렸던 경남 진주시 지수면 지수초등학교가 동창회가 기별로 1백만원씩 갹출하는 방식으로 모두 5천만원의 기금을 확보, 전학생 한 명당 매월 30만원의 장학금을 지원하는 파격적인 조건을 내걸었다.

2) 2000년대 언론에 보도된 지수초등학교

2000년 2월 11일 경남신문, 지수초등학교 체육관 준공

구자경 LG그룹 전 회장의 지원으로 완공된 진주시 지수면 지수초등학교 체육관 및 급식소 기공식이 새 체육관에서 거행되었다.

2008년 3월 18일 경남신문, '재벌 배출' 지수초등학교 또다시 통폐합 위기라는 제목으로 '10여 년 전 학생 수 감소로 통폐합 위기에 처해 재벌 동문들이 기금을 모으는 등 모교 사랑을 펼쳐 전국적으로 화제를 모았던 진주 지수초등학교가 재학생 감소로 또 다시 통폐합 위기에 놓였다'가 보도되었다.

2008년 5월 7일 경남신문, 진주 관봉초·지수초 동문들이 '통폐합 위기, 모교 살리자'와 관련한 기사를 작성하였다.

1999년 폐교 위기에 해당된 학교가 다시 한번 더 폐교 통합에서 제외되기 위해 노력을 시도하였다는 내용이다.

2009년 1월 31일 경남신문, 도내 초등학교 7곳, 3월 문 닫는다. 주요 내용은 '경남 지역 초등학교 7개교가 학생수 급감으로 인해 올해 3월 1일자로 폐교된다. 진주는 집현·지수·금곡초등학교가 통합된다. 지수초등학교는 2009년 3월 1일자로 현재의 지수초등학교에서 약 2km

떨어진 송정초등학교와 통합을 하게 되는데, 지수초등학교의 90년의 역사를 인정, 학교 이름은 지수초등학교로 교명을 가질 수 있게 되었다'이다.

3) 2010년대 언론에 보도된 지수초등학교

2010년 2월 1일 경남신문, 지수초등학교 매각 결정

'송정초등학교 건물로 이전한 지수초등학교는 원래의 건물을 올해 매각하기로 교육청에서 결정을 하였다.'

2010년 7월 21일 경남신문은 경남 일대 폐교 부지 매각 관련 기사를 실었다. 진주 옛 지수초등학교는 23억3,093만원에 고시되었다.

진주교육지원청이 안내한 지수초등학교 매각 방침은 최고가 낙찰 공매 방식으로 공매 금액은 22억~24억, 운동장과 부대 건물 일괄처리였다. 매각 면적은 토지 8,003㎡이고 건물은 2,086.53㎡이다. 입찰 부속 내용에 진주시청과 진주교육청 수의계약은 가능하다고 하였다.

2011년 2월 28일 경남신문은 도내 출신 기업가 정신 계승 사업 관련 조우성 도의원의 5분 질의 내용을 주요 기사로 다루었다.

조우성 의원은 "경남 출신 기업가들의 생가를 복원하고 역사관을 만들어, 이들의 창업 정신을 배우는 교육의 장으로 활용하고 관광 효과 및 기업유치를 하자"고 제안하였다.

4) 필자와 지수초등학교 인연

필자는 2015년 말 경남개발공사 관광사업본부장 임기를 채우지 못하고 사임하였다. 이때까지 지수초등학교는 매각 1순위 이지만 실제 매각은 되지 않은 상태였다. 그 이후로 한동안 지수 소식을 듣지 못하였다.

2017년 진주시와 진주교육지원청이 토지 교환 방식으로 폐교된 지수초등학교의 소유권을 진주시로 넘겼고 이곳을 대한민국 기업가 센터로 활용한다는 뉴스를 들었다.

허성태 지수초 총동창회장과 주민자치단체, 시의원, 경남도청에서 서기관으로 퇴직한 이충도 총동창회 사무총장의 열정적인 노력으로 결실을 거뒀다는 소식을 알게 되었다. 이충도 전 서기관은 경상남도 여성능력개발센터장으로 근무할 때 관광본부 사무실이 이웃한 관계로 자주 만날 수 있었다.

기 받기 관광 추진을 하는 필자와 지수초등학교 활용 방향에 대해 공통 관심사가 있어 여러 번 대화를 나누었고, 자료도 주고 받았다. 현재 지수초등학교 동창회 사무총장으로 봉사하고 있다. 필자가 조홍제 창업주는 지수초등학교 재학 사실이 없다고 신문에 연재하고, 관련 자료를 계속 제시하여 마음을 불편하게 만들고 있다. 본인이 맡은 업무 추진에는 열정이 높고 목소리도 평온하며, 행동에는 양반처럼 부드러워 후배들이 본받고 배울것을 많이 겸비한 분이다.

2018년 7월 10일 한국경영학회는 구 지수초등학교 부지에 도서관, 체험관, 교육관 등을 설립한다는 '대한민국 기업가 정신 수도 진주'를 선포하였다. 2022년 3월 구 지수초는 새롭게 단장을 하고 교육관, 기업사 전시관, 기업 전문 도서관, 마을 공동체시설, 미니체육관, 주민교육시설 등을 갖춘 'K-기업가정신센터'로 다시 개장을 하였다.

필자의 지수초등학교 인연은 8년 전 경남개발공사 관광사업본부장에 취임과 동시에 시작되었다. 지수초등학교가 가진 스토리에 특별함이 있다고 판단하여 지수초등학교가 일반인에게 매각되지 않도록 추진한 것과 창업주 세분의 스토리를 중국에 홍보하면서 시작되었다.

5_ 필자가 구상한 구 지수초등학교 활용

구 지수초등학교 교사는 중소벤처기업진흥공단에서 새롭게 시설을 개선하여 2022년 3월부터 'K-기업가정신센터'로 개관되었다.

개관보다 앞서 필자는 2020년부터 이병철, 구인회, 조홍제 창업주 일대기를 연구하고 조사한 기록을 2021년 7월부터 2022년 7월 22일까지 경남신문에 주 1회 총 54회에 걸쳐 연재하였다. K-기업가정신센터 개관 후 실시한 창업주 세 분의 경남에서 활동 흔적과 생가 투어 등 기업가정신 교육 프로그램 강좌에 초청 강사로 3개월간 20회 이상 강의를 하였다.

견학 후 많은 분들이 "삼성, LG, 효성에서 생산한 제품의 전시장이 설립되어 직접 제품을 볼 수 있다면 더 효과적인 교육장이 될 것 같다. 그리고 전시품을 보면서 자녀들에게 아빠 엄마 어릴 적 이야기도 해 줄 수 있다"는 의견을 주셨다. 그리고 또다른 교육생은 창업주 생가를 본 후에는 어딘지 모르게 부자의 기운이 있어 숙연함도 생겼고 마음속으로도 긍정의 힘과 무형의 위안을 받았다고 하였다.

한국의 교육 시설은 전국 어디를 가도 잘 되어 있다. 그런데 현재의 시설로 볼 때 K-기업가정신센터는 연수원의 필수 기초시설인 숙박, 식당, 체육시설 등 부대시설의 보완이 필요해 보인다.

교육 장소로만 활용하기에는 구 지수초등학교가 가지고 있는 스토리가 너무 많은 것에 비해 다양하게 활용하지 못하는 것이 아쉽다. 이곳을 교육장소로만 이용하는 것 역시 아쉬움이 많다. 전시장을 기업의 측면에서, 문화의 측면에서, 관광의 측면에서 보면 방향이 다르게 보일 것이다. 뭉치면 빛나고 흩어지면 가치가 없어지는 것이 구 지수초등학교 이야기와 창업주 세 분의 고택이다. 세 곳의 지방자치단체가 연합하면 '부자 기 받기 스토리는 국내용이 아니라 전 세계용으로도 부족함이 없다.' 이렇게 생각하는 것은 필자만의 시각은 아닐 것이다.

1) 한국 기업 역사관, 전시관 건립

첫 번째 필자의 제안은 근·현대 한국 기업 관련 역사관과 전시관을 건립하는 것이다.

또는 '창업사 기업 전시관'이 필요하다고 본다.

세계 각국의 유명인 고택이나 기념관 등을 조사해 보면 관광 측면과 사회 가치 측면으로 나눠 함께 운영되고 있다.

대한민국 경제 100년사 전시관이 설립되어 한국 기업이 생산한 제품 전시관은 선사시대 유물을 통해 역사를 체험하는 것과 같은 효과가 있을 것이다. 전시된 제품을 보면서 당시의 경제, 환경을 학습하는 것은 과거의 한국 경제사를 통해 미래의 한국 경제의 나아갈 방향을 제시해 줄 것이다. 볼거리가 생기면 그곳은 자연스레 사람이 몰리게 되고 이것이 지속되면 유명 관광지가 되는 것이다.

2) 도서관, 전시관, 호텔, 공연장 등 복합관 건립

두 번째 제안으로 24시간 이용과 숙박이 가능한 '라이호에코센터(도서관 Li+호텔 Ho+전시관 Ex+공연장 Co)'의 건립을 추천하고 싶다. 미래형이고 혁신적인 아이디어라고 평가를 받았다.

바다나 산에 가는 것만 휴가이고 힐링이 아니다. 한 곳의 도서관에서 밤을 새워가면서 독서를 하고 지치면 그곳에서 숙박을 하거나 전시장을 견학하면 된다. 유명인의 초청 강의, 음악 공연, 심야 토론, 밤을 새우는 창작 교실, 별을 보고 별을 이야기하는 문학 교실도 있는 라이호에코센터는 꼭 필요할 것이다.

일본 나오시마에 가면 미술관 속에 호텔이 있다. 밤새 미술을 이야기하고, 밤하늘과 섬과 바다를 보면서 자신의 시간을 홀로 또는 함께 즐길 수 있다. 필자는 4년전 나오시마를 방문, 일상에서 잠시 벗어난 여유를 가지면서, 안도 타다오와 이우환의 작품을 직접 보면서 진정한 휴식이 무엇인지를 감명 깊게 받았다.

2022년 3월, 구 지수초등학교 교사는 K-기업가정신센터로 개관되었다. ① 필자는 창업주 세 분에 대한 경남의 기록과 흔적에 대해 20여회 강사로 참여하였다 ② 선비정신과 기업가정신을 강의하고 있는 허권수 교수. <이래호>

"상상할 수 있도록 환경을 만들어 주고, 창작할 것을 상상하고, 그리고 상상을 현실로 만든다"는 해설사의 안내가 필자에게 크나큰 울림을 주었다. 이곳에 숙박을 하기 위해 최소 6개월 전에 예약을 해야 본인이 원하는 날짜가 가능하다고 한다. 6개월 후의 삶의 여유, 참 부러운 표현이다. 지금 우리 삶의 현실은 일상에 억눌려 1개월을 앞서 설계하는 것도 무척 어려운 상황이다. 어쩌면 단 1주일도 앞서 설계하고 실천하는 것도 어려울지 모른다. 창업주 세 분이 새로운 사업을 추진할 때 과감하게 결단을 내렸듯이 일상적인 생활과 삶에도 때로는 '과감한 결단'이 필요할 때가 있다.

부 록
appendix

1. 창업주 세 분의 일대기 비교표

1) 창업주의 고향

이병철 삼성그룹 창업주	• 출생지역 : 경남 의령군 정곡면(1910년 ~ 1987년) • 가족관계 : 2남 2녀 중 막내 / 자녀 4남 6녀 • 첫 사 업 : 마산(창원) 협동정미소
구인회 LG그룹 창업주	• 출생지역 : 경남 진주시 지수면(1907년 ~ 1969년) • 가족관계 : 6남중 장남 / 자녀 6남 4녀 • 첫 사 업 : 진주 구인회(주단포목)상점
조홍제 효성그룹 창업주	• 출생지역 : 경남 함안군 군북면(1906년 ~ 1984년) • 가족관계 : 2남 2녀 중 장남 / 자녀 3남 2녀 • 첫 사 업 : 마산(창원) 육일공작소

* 효성그룹 조홍제 회장의 사위로는 두 분의 기록만 가지고 있다.
– 큰 사위 허정호 전 신한병원장
– 둘째 사위 산청 출신 권병규 전 효성건설 사장

2) 창업주의 관계와 멘토

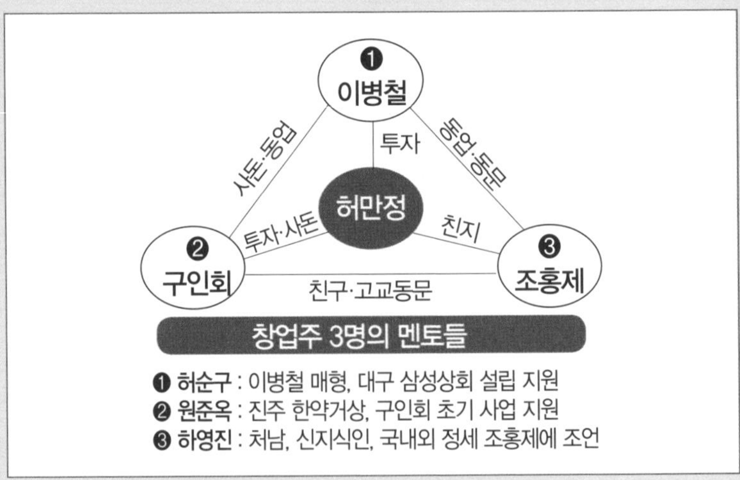

* 편집자의 주관적인 내용이 포함되어 있습니다.

3) 창업주의 일상

구분	구인회	이병철	조홍제
최초사업장과 현재 위치	진주 구인회상점	마산 협동정미소	마산 육일공작소
	진주 중앙시장 내	북마산역 인근	마산 해양신도시 인근
창업주와 음식	특별한 점심 약속	초밥의 밥알 수	대식선생, 요리사
호(號)	연암(蓮庵)	호암(湖巖)	만우(晩愚)
창업주의 취미	축구 · 유년시절	서예 · 호암체	바둑 · 아마 5단
그룹 작명 배경	락희, 금성, LG	제일, 중앙, 삼성	동성, 효성

4) 구인회와 허만정 가족 관계

구인회 가족관계	구연호	구인회 조부	1861~1940	만회	홍문관 교리
	구재서	구인회 부	1887~1959	춘강	
	장남 구인회		1907~1969	구인회 자녀 6남 4녀 장남 구자경 1925~2019 3남 구자학 1930~2022 이병철 (차녀 이숙희) 사위	
	차남 구철회		1909~1975		
	3남 구정회		1918~1978		
	4남 구태회		1923~2016	구자경의 장남 구본무 1945~2018	
	5남 구평회		1926~2012		
	6남 구두회		1928~2011		
허만정 가족관계	허 준	허만정의 부	1844~1932	지신	비서원 승지
	허만정		1897~1952	효주	LG에 투자
	장남 허정구		1911~1999	제일제당 주주	투자와 경영참여
	차남 허학구		1912~1999	1951년 참여	락희공장 건립 때
	3남 허준구	구철회 첫째 사위	1923~2002	1946년 참여	락희화학 설립 때
	4남 허신구		1929~2017	1953년 참여	반도상사 설립 때
	5남 허완구		1936~2017		
	6남 허승효		1944 ~		
	7남 허승표		1946 ~		
	8남 허승조		1950 ~		

5) 창업주와 학교

연도	조홍제(1906년생)	구인회(1907년생)	이병철(1910년생)
1912		남촌정에서 한학공부	
1913	한천재에서 한학공부		
1916	문창재에서 한학공부		문산정에서 한학공부
1919		창강정에서 사서삼경 탐독	*한학공부 회고록 내용과 불일치
1920		결혼 - 진주 지수면 허씨	
1921	2월 결혼 - 진주 수곡면 하씨 3월 생가 앞에 군북보통학교 개교	5월 승산리 지수보통학교 개교 2학년 입학	* 1923년 4월 생가 앞에 의령 정곡공립보통학교 개교
1922	3월 서울 중동학교 초등과 1~3학년 과정 이수	지수보통학교 3학년 재학 * 3~8월 이병철과 6개월 간 동문	3월 지수보통학교 3학년 입학(편입) 9월 서울 수송공립보통학교 전학
1923	3월 서울 협성실업학교 4~6학년 과정 이수	지수보통학교 4학년 재학	수송공립보통학교 2, 3, 4학년(?) * 2학년 전학, 3학년 전학 불일치
1924	4월 조홍제, 구인회 서울 중앙고등보통학교(5년제) 1학년 입학	3월 구인회 지수초 1회 졸업	서울 수송공립보통학교 재학
1925	조홍제, 구인회 서울 중앙고등보통학교 2학년 재학		2월 수송공립보통학교 4년 수료 4월 중동학교 속성과 편입
1926	중앙고등보통학교 3학년 재학 6월 6·10 만세 주모자로 옥고	3월 중앙고보 중퇴, 귀향 지수 승산리 마을협동조합 결성	4월 중동중학교 본과 1학년 입학 12월 결혼 - 대구 달성군 박씨
1927	8월 동맹 휴학 주도 4학년 퇴학 9월 일본 와세다공업전문학교 입학	마을협동조합 대표, 운영	중동중학교 2학년 재학
1928	4월 일본대학 야간 정경과 입학 9월 일본 겸창 중 4학년 편입	1929년부터 지수협동조합이사장	중동중학교 3학년 재학
1929	4월 일본 법정대학 경제학부 독일경제학과 입학	* 1931년 3월~ 10월 : 동아일보 승산지국장(포목점과 겸직?)	중동중학교 4학년 수료 10월 일본 유학감
1930			4월 와세다대학 정경과 입학
1931		7월 진주 식산은행 맞은편 최초 구인회 포목상점 개업	9월 와세다대학 중퇴, 귀국
1935	4월 일본 법정대학 졸업, 귀국		
1936	12월 함안 군북금융조합장 취임	1940년 구인상회(주)로 변경	3월, 마산 협동정미소 개업

6) 창업주 일대기 요약

구 분	구인회(1907년 ~ 1969년)	이병철(1910년 ~ 1987년)	조홍제(1906년 ~ 1984년)
배 경	선비가풍, 개화, 조부: 교리	선비가풍, 부친이 이승만과 교류	선비가풍, 독립운동가, 개화
한 학	창강정, 유년부터 논어, 사서삼경	문산정, 유년부터 논어, 사서삼경	한천재, 유년부터 논어, 사서삼경
결 혼	1920년, 진주 지수면 옆집(허을수)	1926년, 대구 달성군 하빈면(박두을)	1921년 2월, 진주 수곡면(하정옥)
신학문	1921년 지수보통학교2학년 입학	1922년 지수보통학교 3학년 편입	1922년 서울중동학교 초등과 입학
학업과 유 학	1924년~1926년 서울 중앙고등보통학교 2년 수료, 중퇴	1926년 서울 중동중학교 본과 1929년 중동중 중퇴, 일본 유학	1924년 서울 중앙고등보통학교 입학 1926년 재학중 6·10 만세 주모 구속
	1926년 지수마을협동조합 설립 * 1931년 동아일보 승산지국장	1930년 와세다대학 정경과 입학	1927. 8월 동맹 휴학 주도 퇴학, 유학 1929~1935년 일본 법정대학 졸업
귀 향	1929년 지수마을협동조합 대표	1931년 9월 중퇴 의령으로 귀향 1931~1935년 고향에서 소일	1936년 군북금융조합장 3년, 3선 1942년 군북산업(주) 인수, 경영
첫 사업	1931년 7월 진주 구인회상점 포목, 비단 등 주단품목	1936년 3월 마산 협동정미소 설립 1936년 8월 운수업, 9월 부동산업	1946년 8월 마산 육일공작소 경영 군북산업이 첫 번째 사업인가?
견 문	1937년 조만물산 투자, 중국견학	1937년 9월 사업정리, 중국견학	1936년 졸업 후 일본 국내 견학
사 업 전 개	1940년 6월 주식회사 구인상회 하신상업 투자 청과, 어물 판매	1938년 3월 대구 삼성상회 설립 1939년 3월 대구 조선양조 인수	1942년 8월 군북산업(주) 경영
	1944년 화물자동차 경영	1941년 대구 ㈜삼성상회로 변경	
	1945년 11월 부산 조선흥업사 미군정청 무역업 1호	1945년 대구 풍국주정 인수 * 대구 을유회 활동	1948년 11월 이병철과 동업 삼성물산공사 설립 참여
	1946년 1월(?) 허만정 자본투자 허준구 경영참여 만남	1947년 5월 서울이사, 조홍제 만남 1948년 11월 서울 삼성물산공사 설립	1949년 홍콩에 무역업무 출장 FOB무역 국내최초, 허만정 참여
다양한 기 업 경 영	1947년 럭키크림 생산, 구인상회 매각, 락희화학공업사 설립	1951년 1월 부산에서 삼성물산 주식회사 설립	1951년 4월 이병철과 삼성물산(주) 공동경영
	1952년 플라스틱 사업 ; 빗, 칫솔, 치약, 비누통 생산	1953년 8월 부산 제일제당 설립 1954년 9월 대구 제일모직 설립	1953년 8월 제일제당 설립 1960년 11월 사장 1954년 9월 제일모직 설립
	1959년 금성사 설립, 국내 최초 라디오 생산	1963년 2월 동양 TV방송 설립 구인회와 공동경영	1962년 9월 삼성과 결별, 1957. 2월 설립된 효성물산(주)로 독자사업
	1960년 금성사 국내 최초 선풍기, 전화기 생산	1965년 성균관대학교 인수 중앙일보 창간 외	* 효성물산 : 1957년 2월 설립 무역회사 , 달러배정 참여
	1964년 락희, 금성사 주력 기업 부산 국제신문 인수 외	1967년 한국비료 완공	1962년 9월 조선제분, 12월 한국 타이어, 63년 9월 대전피혁 경영
변 화	1969년 호남정유(칼텍스) 설립	1969년 삼성전자(주) 설립	1966년 동양나이론 설립, 재계 5위

〈 창업주 가족, 일대기 관련 도움이 되는 내용 〉

1. 나이 어린 숙부(叔父, 삼촌), 나이 많은 조카
   본인의 아버지보다 나이가 많은 아버지 형제를 큰아버지(백부)라고 부른다.
   본인의 아버지보다 나이가 작은 아버지 형제를 작은아버지(숙부)라고 부른다.
   장남이 일찍 결혼을 한 경우 첫 아이가 태어날 때 장남의 막내 동생이 태어나는 경우도 있었다. 즉 조카가 숙부보다 나이가 많은 경우도 있었다.
2. 시어머니와 며느리가 같은 달 출산을 하여 산후조리를 하는 경우도 많았다. 요즘 세대에서는 결혼 연령이 늦어짐에 따라 이런 관계가 쉽게 형성되지 않는 것 같다.
3. 구인회 형제와 자녀의 가족 구성원도 일부는 이러한 현상을 보여주고 있다.
   구양세(구인회 장녀) 1923년 생, 구태회(구인회 셋째 동생) 1923년 생,
   구자경(구인회 장남) 1925년 생, 구평회(구인회 넷째 동생) 1926년 생,
   구두회(구인회 다섯째 동생) 1929년 생이다.
4. 최경희 진주시 문화해설사는 지수면 승산마을 구씨와 허씨 문중에 관심을 가지고 기록을 찾기 위하여 왕성한 활동을 하고 계신 분이다.
   필자의 기록을 보고 허만정의 가족관계중 출생 연도가 현재 발간된 문중 족보와 차이가 있어 알려 주었다. 족보에는 장남 허정구의 출생년도는 1916년으로 되어 있다. 허만정의 차남 허학구의 경우 역시 문중 족보에는 1918년생으로 되어 있다.
   허만정의 4남 허신구도 족보에는 1928년생으로 기록되어 있었다.
5. 주요인물의 일대기 정리도 매우 중요한 내용이다. 필자가 수집한 자료와 족보의 기록과 많은 차이가 나는 것은 앞으로 조사 연구해야 할 과제라고 생각하고 있다.
6. 구인회 동아일보 승산지국장 자료 : 동아일보 1931년(소화 6년) 3월 30일 신문 기사
7. 승산지국장 업무는 1931년 3월 31일~1931년 10월 15일까지 근무, 1931년 7월 진주에서 구인회상점 운영과 3~4개월 중복된다.
8. 이병철의 일본 유학 기간 : 1929년 10월~1931년 9월
   와세다대학 재학 기간 : 1930년 4월~1931년 9월
9. 조홍제의 일본 유학 기간 : 1927년 9월~1935년 4월
   일본 호세이대학 재학 기간 : 1929년 4월~1935년 4월
   이병철과 조홍제가 함께 일본 유학을 갔다는 기록은 사실과 차이가 있다.
10. 이병철의 대구 거주 기간은 회고록을 기준으로 할 때 1938~1947년 이다.
11. 조홍제 효성그룹 회장의 일대기 기록 중 회고록에 누락된 것이 1961년 7월 1일~1967년 2월 23일까지 한국기원 이사장을 역임한 것이다.
    조홍제는 1960년 11월 제일제당 사장에 취임하였다. 1961년 5·16 군사정변 때 한국의 주요 주요 기업인 11명이 마포교도소에 수감되었는데 이때 조홍제도 약 1개월 후 풀려 나왔다.
    그리고 한국기원 이사장직을 맡았다. 조홍제 이사장 후임은 이후락 전 중앙정보부장이다.
12. 구인회 동생 구철회는 구인회상점 시작부터 함께 하였고, 구정회는 1941년 주식회사 구인상회로 확장시 경영에 참가하였다.
13. 락희화학은 1955년 9월 '럭키 치약'을 상표를 등록하였다.

7) 조홍제의 경남 흔적

함안 생가 ⇩	• 함안군 군북면 1906년 ~ 1921년까지 생활 • 서울, 일본 유학 후 귀국, 1936년~1946년 생활
군북산업 주식회사 터 ⇩	• 일본 법정대학 졸업 후 귀국, 고향에서 인수한 사업장 • 가마니, 도정작업, 새끼, 비료 취급 등 농촌 문화업무 • 1942년~1946년까지 경영
마산 육일공작소 터	• 1946년 8월 조홍제가 마산에 최초(?)로 시작한 사업장 •철 가공업체로 현재 창원 해양 신도시 앞 •1946년~1949년까지 경영, 공동 경영자 손녀 생존

8) 구인회의 경남 흔적

구인회 생가 ⇩	•진주시 지수면 승산리, 1907년~1931년까지 생활(서울유학 1924년~1926년). 1931년 진주 구인상회 개업까지 생활 •생가 내 모춘당 주련은 구씨 가훈. 구자경의 생가
지수초등학교 ⇩	• 1921년 5월 9일 지수공립보통학교 개교, 문해력을 인정받아 2학년(동기생 52명)으로 입학. 1924년 4월, 1회 졸업생
마을협동조합 터 ⇩	• 1926년~1931년까지 마을협동조합, 동아일보 승산지국 등 마을활동 중심 터. 구인회가 '장사의 법'을 체험한 곳
무라카미 상점 터 ⇩	• 1910년대 후반 지수 승산리에 일본인이 개업한 잡화상점, 당시 지수상권을 독점한 일본인이 운영한 상점 터. • 구인회가 1926년 서울 중앙고등보통학교 2학년 중퇴 후 귀향 일본인 독점상권으로 인한 가격 불합리, 불공정에 맞서 마을협동조합을 설립하게 동기 부여를 준 상점 터
진주 구인회 상점 터 ⇩	• 최초개점 : 1931년 7월~1932년 12월 진주 식산은행 건너 • 이전상점 : 1932년 12월~1946년 9월(50만원 매각), 중앙시장 내 *식산은행 : 진주시 동성동 29번지 * 2호 진주부 영정 37
진주 수정동, 상봉동 고택 ⇩	• 1935년~1941년 사업안정, 진주 수정동으로 이사, 동생들이 진주에서 학교 다님, 구태회 41년 현 진주중·고교 졸업 • 1942년~1945년 9월, 구자경 등 자녀 합류, 상봉동 고택 사진 존재
봉 알자리 ⇩	• 구인회가 진주 상봉동 거주 시, 영업 종료 후, 휴일 등 가마못, 비봉루와 함께 산책을 다닌 대표적인 곳 • 원준옥과 진주 마루니 화주운송 운송회사(대정정 208번지) 공동경영
사천 다솔사 삼천포 항구	• 구인회가 진주에서 포목점을 하면서 자주 찾아가 주지 최범술을 만나 교류를 한 곳 • 1940년 하신상업(주) 설립, 삼천포 항구에서 생선구입

9) 이병철의 경남 흔적

이병철 생가 ⇩	• 의령군 정곡면 중교리, 1910년 ~ 1921년 • 1922년~1926년 결혼 전까지 생활함, 결혼 후 분가 • 이건희 회장 1942~1945년 분가한 집과 대구에서 생활(?)
문산정 ⇩	• 병철이 1916년 ~ 1921년까지 한문을 공부한 서당, '문산은 조부의 호. 회고록에는 5세(1914년)부터 다님(?)
진주 지수 허순구댁 ⇩	• 이병철 둘째 누나(이분시)가 시집간 지수 매형댁, 6개월 생활 • 1922년 3월 ~ 9월, 3학년 1학기 지수공립보통학교 재학 • 이병철 매형 허순구 : 진주에 최초 문성당백화점을 설립 1927~1941년 진주 거주, 대구로 이사 ㈜삼성상회 합류
마산 협동정미소	• 1936년 이병철 최초 사업장, 북마산역 주변 추측 정미소 외 일출자동차 운수업, 경남부동산 경영도 함 • 1938년, 마산에서 사업을 모두 정리하고 대구로 옮김

10) 창업주가 거주한 도시 및 거주 기간

〈이병철〉

기 간	거주 도시	거주 동기	비 고
1910년 2월~1922년 3월	의령 정곡면	출생 및 유년시절	현재의 이병철 생가
1922년 3월~1922년 9월	진주시 지수면 승산리	지수보통학교 재학	지수면 매형(누님)댁 생활
1922년 9월~1929년 10월	서울 종로 혜화	수송보통학교 재학 중동학교 재학	외가댁
1929년10월~1931년 9월	일본 동경	와세다대학 유학	거주지 자료 부재
1931년 9월~1936년 3월	의령 정곡면	귀국 후 의령에서 생활	결혼 후 분가한 생가 앞 고택
1936년 3월~1938년 3월	마산(현 창원시)	마산 협동정미소 경영	북마산역 인근 추정
1938년 3월~ 1947년 5월	대구시 중구	대구 삼성상회 경영	현재, 대구 중구 고택
1947년 5월 ~	서울	서울에서 사업 추진	종로 혜화동

〈구인회〉

기 간	거주 도시	거주 동기	비 고
1907년 8월~1924년 3월	진주시 지수면 승산리	출생 및 유년시절	현재의 구인회 생가
1924년 4월~1926년 3월	서울	중앙고등보통학교 재학	거주지 자료 부재
1926년 3월~1931년 7월	진주 지수면 승산리	마을협동조합 운영	현재의 구인회 생가
1931년 7월~1935년 3월	진주시	구인회상점 경영	거주지 자료 부재
1935년 3월~1941년 12월	진주시 수정동	구인회상점 경영 일부 가족 합류	진주시 수정동 일본 관사 매입
1942년 1월~1945년 9월	진주시 상봉동	구인회상점 경영 진주 경영인 활동	진주 상봉동 봉 알자리 인접
1945년 9월~	부산 서대신동	조선흥업사 및 락희화학 경영	

〈조홍제〉

기 간	거주 도시	거주 동기	비 고
1906년 5월~1922년 3월	함안군 군북면	출생 및 유년시절	현재의 조홍제 생가
1922년 3월~1927년 8월	서울 종로구	협성실업학교, 중동학교, 중앙고등보통학교 재학	거주지 자료 부재
1927년 9월~1935년 4월	일본 동경	유학 및 일본 법정대학 재학	일본내 단독주택 유학생 사옥
1935년 4월~1946년 7월	함안 군북면	고향에서 군북금융 조합, 군북산업 경영	현재의 조홍제 생가
1946년 8월~1948년 11월	서울 종로구 명륜동	육일공작소 경영 및 서울에서 영업 활동 으로 두 도시 생활	현재 명륜동에 있는 조홍제 기념관
	창원시 마산 합포구 문화동		1951년까지 소유

1) 세 분의 거주 기간 및 거주 도시, 거주 동기는 세 분의 창업주가 작성한 회고록을 중심으로 편집하였음.
2) 회고록 본문 내용과 회고록 연대기가 일치하지 않는 부분은 별도 표기 하였음.
3) 거주 도시의 이름은 편리상 현재의 행정 지명을 적용하였음.

11) 창업주 세 분과 전국경제인연합회장의 인연

- 이병철 삼성그룹 회장 : 전경련 창립, 초대 회장, 1910년생
- 구자경 LG그룹 회장 : 18대 회장, 1925년생
- 조석래 효성그룹 회장 : 31대 ~ 32대 회장, 1935년생
- 허창수 GS그룹 회장 : 33대 ~ 38대 (현)회장, 1948년생

12) 창업주 세분의 경남신문 연재

중국 다녀온 스물여덟 청년, 대구에 '삼성상회' 세우다

흙담 너머 포마 이병철의 천자문 외는 소리 들리는 듯

정확한 '창업주 기록' 남기려 전국 누비며 자료 모아

경남신문 2021년 7월 2일 ~ 10월 29일, 18회, 삼성그룹 이병철 회장

고향 돌아온 엘리트 지식인, 미래 내다봤지만 '사업 꿈' 못 펼쳐

1956년 대구에 '제일모직' 설립… 모직물 '골든텍스' 첫 생산

1947년 철저한 분석·계획 거쳐 마산서 첫 철가공사업 시작

경남신문 2021년 10월 29일 ~ 2022년 2월 4일, 14회, 효성그룹 조홍제 회장

첫 장사 시련 이겨내고 진주 상권 거상으로 성장

대구 삼성상회 설립 후 10년, 큰 뜻 품고 1947년 서울로

'LG 성장 발판' 진주·부산서 지역신문 인수·경영

경남신문 2022년 2월 11일 ~ 2022년 7월 22일, 20회, LG그룹 구인회 회장

2. 조홍제 효성그룹 회장, 기록 목차

1부. 여보게 조금 늦으면 어떤가

1회. 조홍제의 고향 함안이야기

1) 대한민국 고대 도읍지 함안
2) 함안군 먹거리 국밥과 수박
3) 함안군의 숨은 명당, 여항 봉성저수지 만보길
4) 함안과 중국

2회. 과거와 현재의 함안 사람들

1) 첫 번째 불사이군 '이오'
2) 두 번째 불사이군 '조려'
3) 의사(醫師)로 독립운동 대암 이태준
4) 주세붕과 백운동서원
5) 조각가 이우환
6) 한문학자 허권수

3회. 조홍제와 한학이야기

1) 함안군과 유교 문화
2) 조홍제 집안의 독립운동
3) 조홍제의 한학 공부
4) 소학 권면
5) 인류가 만든 위대한 도서 '논어'

4회. 대식 선생 조홍제, 신학문에 눈떠

1) 진주시 수곡면으로 장가가다
2) 좌절된 신학문 공부
3) 넓은 세상 서울을 보고
4) 대식 선생 조홍제

5회. 조홍제와 초등학교

1) 조홍제 지수초등학교 다닌 근거 찾지 못해
2) 효성그룹의 공식 입장

3) 언론과 자료로 찾아본 조홍제와 지수초등학교
4) 2006~2012년 언론에 보도된 조홍제와 지수초
5) 지수초등학교보다 빨리 개교한 군북초등학교
6) 지수초등학교와 무관한 자료정리
7) 새로운 자료의 인정

6회. 어릴 때부터 싹튼 민족의식
1) 17세에 초등학교 과정 공부
2) 구인회와 중앙고등보통학교 입학
3) 조홍제의 숨은 끼, 학교 응원단장
4) 6·10 만세 운동 참여, 수감 생활
5) 동맹 휴학 주도, 퇴학의 아픔
6) 조홍제의 투철한 민족정신
7) 서울 중앙고등보통학교

7회. 동방명성을 꿈꾸며, 일본 유학
1) 만학도 조홍제
2) 자부심을 키운 일본 유학 생활
3) 일본 호세이(법정)대학 독일경제학부 입학
4) 졸업, 교수냐 사업이냐
5) 수학 천재 조홍제의 성냥개비 계산법

8회. 함안으로 돌아온 선비 지식인 조홍제
1) 고향 함안으로 돌아온 조홍제
2) 장남은 장사하면 안 된다
3) 미래 경제를 예측한 조홍제
4) 종합상사

9회. 조홍제, 선비보다 상인의 길을 가다
1) 흔들림 없는 애국 신념
2) 군북산업 주식회사 경영
3) 효성, 작명의 배경에는
4) 만우, 연암, 호암 호(號) 작명의 배경

10회. 최초의 사업, 마산 육일공작소
1) 때가 왔다, 가자 서울로

2) 사업을 하자, 조홍제식 시장 조사
3) 첫 사업, 마산에서 육일공작소 철 가공업 참여
4) 육일공작소 공동 경영인 후손을 만나다
5) 관광 스토리 빌딩, 육일공작소 현재의 위치

11회. 조홍제, 구인회, 이병철의 씨줄 날줄 인연

1) 창업주 세 분을 연구하게 된 배경
2) 창업주 세 분의 관계 정리
3) 창업주 세 분에게 가르침을 준 멘토
4) 창업주 세 분과 GS그룹 허만정
5) 창업주 세 분은 이런 인연도 있어
6) 경남에서 전경련 회장 4명 배출

12회. 이병철과 동업, 삼성물산 설립 이야기

1) 삼성물산공사 부사장이 된 조홍제
2) 시작, 홍콩에 간 조홍제
3) 좌절, 6·25 전쟁으로 모든 것을 잃어버리다
4) 재기, 부산에서 삼성물산 주식회사 설립
5) 성장, 고철 수출로 또 한 번 도약하다
6) 회고, 고독한 결단

13회. 조홍제의 제일제당 창업이야기

1) 설탕, 페니실린, 아연도 철판을 사업 후보로
2) 설탕 사업 선택, 제일제당 설립
3) 진주 거부의 자본 투자
4) 설탕 생산
5) 달러 이야기
6) 삼영그룹 관정 이종환 회장
7) 대한중석 중석불(달러) 사건
8) 대한중석 주식회사
9) 거평그룹과 나승렬 회장

14회. 조홍제와 제일모직, 그리고 바둑

1) 조홍제와 제일모직 설립
2) 4·19 혁명과 5·16 군사정변
3) 흑과 백의 조화 바둑

4) 조홍제 조부의 바둑 이야기
5) 조홍제의 바둑 이야기
6) 한국기원 이사장 조홍제
7) 남명 조식의 산천재 바둑 이야기

15회. 내 나이 56세, 다시 시작하다

1) 이병철과 동업 청산
2) 효성물산을 토대로 56세에 독자 사업 시작
3) 풍부한 경험을 축적한 엘리트 기업인
4) 밀가루를 황금으로, 조선제분 경영
5) 돈을 밟고 다니다, 한국타이어 경영
6) 가죽만큼 튼튼하게, 대전피혁 경영

16회. 동양나이론 설립, 효성그룹 재계 5위

1) 그룹 기획 전담팀 구성
2) 신사업 검토 1, 화학 섬유
3) 신사업 검토 2, 석유 관련 윤활유 사업
4) 한국경제의 급속한 변화
5) 주력 기업으로 동양나일론 설립
6) 토프론 상표
7) 조홍제의 유비무환
8) 늦었다고 다 늦은 것은 아니다
9) 국내기업에 그룹의 등장
10) 내명자경 외단자의(內明者敬 外斷者義)

17회. 조홍제, 구인회, 이병철의 경남 흔적

1) 함안군, 진주시, 의령군이 함께
2) 조홍제의 경남 흔적
3) 구인회의 경남 흔적
4) 이병철의 경남 흔적
5) 허순구와 진주 흔적

2부. 기억을 기록으로

1. 중국 화서촌에서 배운 역발상

1) 화서촌의 기적, 오인보 서기를 연구
2) 경남 기 받기 관광 상품 특징
3) 10년 후를 생각하면
4) 작은 농촌도 세계적인 관광지가 된다
5) 경남 대표 관광지 어디에, 무엇을
6) 경남의 인문학 관광지
7) 경남의 자연학 관광지

2. 역발상 I, 부자 기(氣) 받기 관광의 세계화

1) 부자의 기운을 받는 공희발재 기 받기 코스
2) 불로장생을 기원하는 장수 기 받기 코스
3) 시험에 합격하는 등용문 기 받기 코스
4) 일생에 한 번은 보아야 할 경남의 세계문화유산

3. 역발상 II, 경남에 중국인 관광객 800명 유치

1) 기 받기 관광, 중국 서안·정주 현지 설명회
2) 중국인 관광객 800명, 기 받으러 경남에 오다
3) 경남 1박 2일, 산청, 창녕, 창원을 관광
4) 역발상 결과 1, 중국 관광객의 인해전술 구매
5) 역발상 결과 2, 중국 관광객의 저녁 식사

3. 이병철 삼성그룹 회장, 기록 목차

1부. 또 하나의 가족

1회. 일식·양식이 있는 의령

1) 의령 여행의 시작
2) 의령 관문에 당당하게 서 있는 솥바위(정암)
3) 의령에 가면 일식과 양식이 있다
4) 부자 기 받기의 시작은 의령에서
5) 의령의 또 다른 풍경 남강

2회. 이병철의 서당 가는 길과 한학 공부

1) 이병철의 서당 가는 길
2) 이병철이 한문을 배운 문산정
3) 이병철의 한학 공부
4) 이병철의 형 이병각
5) 이병철의 서예 스승 정하건

3회. 이병철과 지수초등학교

1) 지수면 매형 댁에서 지수보통학교 6개월 재학
2) 더 큰 도시 서울로 가서 공부하다
3) 이병철 부인 대구 달성군 박두을 여사
4) 이병철의 미래를 예측한 관상가
5) 달성군 하빈 마을 출신 박준규 국회의장
6) 이병철의 매형 허순구와 진주 경제사

4회. 이병철의 서울 유학, 일본 유학

1) 서울에서 공부하다
2) 결혼, 그리고 일본 유학
3) 졸업장 없는 학업, 그리고 귀국
4) 이건희와 중동학교 인연
5) 부관연락선
6) 이병철의 중동학교 수학 선생 이상익

5회. 이병철의 첫 사업, 마산에서 정미소 운영

1) 사업을 하자, 무엇을 할 것인가
2) 첫 번째 사업, 마산에서 협동정미소를 운영
3) 삼성그룹의 시작은 마산이다
4) 찾아야 할 경제유산, 마산 협동정미소 터
5) 쿠바에서 모히토 한 잔을
6) 300석의 현재 가치
7) 천석꾼, 만석꾼

6회. 이병철의 도전

1) 두 번째 사업, 일출자동차 운수업
2) 세 번째 사업, 경남부동산 경영
3) 중국을 보고, 세상 넓은 것을 알다
4) 관광 스토리 빌딩, 협동정미소 터

7회. 대구 삼성상회 설립, 국수 생산 및 무역업

1) 연암 박지원의 열하일기
2) 삼성이라는 이름의 탄생
3) 대구 명물이 된 삼성상회 별표국수

8회. 대구 삼성상회 건물과 이건희 생가

1) 삼성상회 건물 복원이 되다
2) 국수도시 대구, 서문시장, 풍국면
3) 이병철과 음식이야기 1, 일본요리사의 야단
4) 이병철과 음식이야기 2, 초밥알을 세어보아라

9회. 문학 속의 국수, 문학 속의 마산

1) 문학 속의 국수
2) 백석의 시, 국수
3) 생활 속의 국수
4) 하숙집 배고픔을 국수로 달래다
5) 밀가루 3형제, 장남은 국수
6) 시인 백석

10회. 앞산에 오르니 대구도 작다

1) 대구에서 조선양조장 운영
2) 결심, 더 큰 장사를 하자
3) 왜, 대구에서 시작하였을까
4) 대구에서 삼성상회 설립, 첫 번째 이유
5) 대구에서 삼성상회 설립, 두 번째 이유
6) 대구에서 삼성상회 설립, 세 번째 이유
7) 대구에서 삼성상회 설립, 네 번째 이유
8) 이병철이 만든 사이다, 오렌지 주스

11회. 가자, 서울로

1) 서울에서 삼성물산공사 설립
2) 서울 혜화동에서 조홍제에게 동업을 제안
3) 삼성, 작명의 배경에는
4) 삼성물산공사와 지수 거부 허만정
5) 이병철과 허만정의 동업관계
6) 회사 이름의 한자 표기

12회. 부산에서 삼성물산 주식회사 설립

1) 6·25 전쟁과 대구 피란
2) 첫 번째, 3억원의 창업 자금 이야기
3) 두 번째, 3억원의 창업 자금 이야기
4) 세 번째, 3억원의 창업 자금 이야기
5) 부산에서 조홍제와 삼성물산 주식회사 경영
6) 부산 국제시장에 수입 설탕 판매
7) 제조업을 하자, 제일제당 설립

13회. 부산에서 제일제당공업 주식회사 설립

1) 설탕, 페니실린, 제지업 중에서 하나를
2) 창업 당시 제일제당 경영진
3) 삼성제당이 아닌 제일제당으로
4) 제일제당 얼굴 백설표 탄생
5) 백설표 주세요, 다시다 주세요

14회. 대구에서 제일모직 설립

1) 돈병철, 국민들에게 희망을 준 의미도 있어
2) 대구에 설립한 제일모직 공장
3) 제일모직 브랜드 골드와 장미
4) 삼성 비서실 탄생
5) 제일모직은 삼성의 사관학교
6) 제일모직 월급날은 논, 밭 사는 날

15회. 비료 공장 설립과 4·19

1) 의령에서부터 꿈꾸던 비료 공장
2) 첫 번째, 비료 공장 설립 기획서 정부에 제출
3) 4·19 혁명과 이병철
4) 삼성그룹의 시련

16회. 5·16과 한국비료 공장

1) 이병철과 박태준의 만남
2) 이병철과 박정희의 만남
3) 한국경제인협회(현 전국경제인연합회) 창립
4) 울산공업단지 탄생
5) 두 번째, 비료 공장 설립 신청서 제출

6) 세 번째 도전, 한국비료 공장을 완성하다
7) 국가에 헌납한 한국비료
8) 건설 현장에 나타난 청년 고시생 노무현 전 대통령
9) 이병철의 익자삼우 손자삼우
10) 메모하는 경영 습관

17회. 이병철의 또 다른 기업 경영
1) 방송국 경영
2) 중앙일보 설립
3) 삼성문화재단 설립과 대학 경영
4) 신라호텔
5) 삼성생명
6) 필자가 가입한 동방생명
7) 신세계백화점 카드
8) 김종필과 에버랜드
9) 롯데그룹 신격호 회장
10) 삼성의 또 다른 이름 제일
11) 여성의 경영참여 한솔그룹 이인희

18회. 73세 이병철 회장의 도전, 반도체 사업을 하자
1) 박정희 대통령 "임자 전자 공업을 해 보시오."
2) 무너진 삼성의 자존심 그리고 변화
3) 반도체 사업을 하자
4) 미래를 기다리지 말고 만들어 가자

2부. 기억을 기록으로

1. 이병철 생가에 걸려 있는 주련 해석
1) 이병철 생가 주련
2) 본채 주련
3) 사랑채 벽면 주련
4) 사랑채 기둥 주련
5) 이병철 생가 주련 해석 및 출전 구명
6) 주련 해석 과정

2. 이병철의 고향 의령 솥바위(정암)

1) 의령 솥바위 가격은 얼마

2) 솥바위 20리 이내 부자 3명 배출 전설

3) 2002년 잠수부가 솥바위 물속 다리 확인

4) 물속 솥바위의 실체, 식당 주인의 회고

3. 언론에 등장한 솥바위와 전설

1) 솥바위 전설의 시작은 언제부터

2) 솥바위를 보도한 지역 언론사

3) 솥바위 4대 부자에 등장한 벽산그룹 김인득 회장

4) 솥바위 인근 3대 거부에 삼영그룹 이종환 회장

4. 솥바위를 품은 관광

1) 솥바위 전설 어떻게 받아들일까

2) 솥바위의 관광 논리, 경남개발공사 단독 상품 연구

3) 부자 기 받기 관광 의령군 단독 시범 실시

4) 매일경제 기 받기 관광 특집 보도

5) 경남신문에 보도된 코레일관광 상품

4. 참고자료

단행본

1. 구본무, 『LG50년사』, LG, 1997.
2. 구자경, 『오직 이길밖에 없다』, 행림출판, 1992.
3. 국립진주박물관, 『진주상무사』, ㈜사회평론아카데미, 2017.
4. 금성사35년사편찬위원회, 『금성사 35년사』, 금성사, 1993.
5. 권경자, 『유학, 경영에 답하다』, 원앤원북스, 2010.
6. 강준만, 『이건희시대』, 인물과사상사, 2005.
7. 김병하, 『재벌의 형성과 기업가 활동』, 한국능률협회, 1991.
8. 김영태, 『연암구인회, 비전을 이루려면 Ⅰ』, ㈜LG, 2012.
9. 김영태, 『상남구자경, 비전을 이루려면 Ⅱ』, ㈜LG, 2012.
10. 김영안, 『삼성처럼 회의하라』, 청년정신, 2004.
11. 김윤정, 『한국 경제의 새벽을 밝힌 민족의 별 조홍제』, 현대출판사, 2007.
12. 김종필, 『소이부답』, 미래엔, 2016.
13. 김정환, 『필묵도정-송천정하건』, 도서출판다운샘, 2014.

14. 김찬웅, 『이병철, 거대한 신화를 꿈꾸다』, 세종미디어, 2010.
15. 김해수, 김진주, 『아버지의 라디오』, 느린걸음, 2007.
16. 김한원외 5인, 『한국경제의 거목들』, 삼우반, 2010.
17. 경상북도청년유도회, 『사서, 대학·논어·맹자·중용』, 디자인판, 2021.
18. 노무현, 『여보 나 좀 도와 줘』, 새터, 2002.
19. 동기이경순전집간행위원회, 『동기 이경순전집』, 자유사상사, 1992.
20. 로보원저·박영종역, 『중국문화에 담긴 중국이야기』, 다락원, 2002.
21. 럭키금성, 『한번 믿으면 모두 맡겨라』, 럭키금성, 1994.
22 럭키40년사편찬위원회, 『럭키40년사』, 럭키금성, 1987.
23. 마크애로슨저·설배환역, 『설탕 세계를 바꾸다』, 검둥소, 2013.
24. 만회기념사업회, 『만회유고 국역본』, 평화당인쇄, 1985.
25. 만우 조홍제 회장 탄신 100주년 기념사업위원회, 『늦되고 어리석을 지라도』, ㈜에이지 21, 2006.
26. 박시온, 『삼성 이병철처럼』, FKI미디어, 2012.
27. 박상하, 『이병철과의 대화』, 이롬미디어, 2007.
28. 박시온, 『효성 조홍제처럼』, FKI미디어, 2013.
29. 박종세, 『방송, 야구 그리고 나의 삶』, 나우북스, 2004.
30. 박지원, 탁양현 옮김,『연암 박지원의 열하일기』, 퍼플, 2005
31. 박창희, 『허신구평전』, 부산대학교출판문화원, 2020.
32. 박해림, 『고요 혹은 떨림』, 고요아침, 2004.
33. 스와부고츠저 하동길역, 『마산번창기』, 창원시정연구원, 2021.
34. 상봉동지편찬위원회, 『상봉동지』, 도서출판화인, 2015.
35. 설흔·박현찬, 『연암에게서 글쓰기를 배우다』, 위즈덤하우스, 2007.
36. 소종섭, 『한국을 움직이는 혼맥·금맥』, 시사저널사, 2016.
37. 이건희, 『생각 좀 하며 세상을 보자』, 동아일보사, 1997.
38. 이경윤, 『LG 구인회처럼』, FKI미디어, 2013.
39. 이경식, 『이건희스토리』, 휴먼북스, 2010.
40. 이대환, 『박태준평준』, 아시아, 2016.
41. 이대환, 『세계최고의 철강인 박태준』, ㈜현암사, 2004.
42. 이래호, 『오인보와 화서촌』, 한솜미디어, 2015.
43. 이맹희, 『묻어둔 이야기』, 청산, 1993.
44. 이병철, 『호암자전』, 중앙일보사, 1986.
45. 이병철, 『호암자전』, 나남, 2014.
46. 이병주, 『관부연락선』, 한길사, 2006.
47. 이병주, 『지리산』, 한길사, 2019.
48. 이한구, 『한국재벌형성사』, 비봉출판사, 1999.
49. 이원수, 『이병철 그는 누구인가』, 자유문학사, 1983.

50. 이종환, 『정도』, 관정교육재단, 2008.
51. 이중환 저·이익성 역, 『택리지』, 을유문화사, 1994.
52. 연암기념사업회, 『연암 구인회』, 연암기념사업회, 1979.
53. 야마키 가쓰히코, 『크게 보고 멀리 보라』, 김영사, 2010.
54. 안도현, 『백석평전』, 다산북스, 2014.
55. 유장근, 『마산의 근대사회』, 불휘미디어, 2020.
56. 아시아경제신문, 『창업주 DNA서 찾는다』, ㈜FKI미디어, 2010.
57. 중앙일보사, 『이병철 호암자전』, 중앙일보사, 1986.
58. 중앙일보사, 『재계를 움직이는 사람들』, 중앙일보사, 1996.
59. 진주시, 『진주인물열전』, (더)페이퍼, 2021.
60. 조홍제, 『나의회고-동방명성을 지향하여』, ㈜효성, 2000.
61. 전범성, 『실록소설 이병철』, 서문당, 1985.
62. 전범성, 『조홍제』, 서문당, 1986.
63. 정대율, 『진주』, 경상국립대학교 출판부, 2021.
64. 조동휘, 『갓 쓰고 상도를 걷다』, 매일피앤아이, 2017.
65. 조준상, 『재계의 거목, 호암 이병철』, 소담 출판사, 2007.
66. 조필제, 『사막에 닻을 내리고』, 문지사, 2017.
67. 중앙일보, 『재계를 움직이는 사람들』, 중앙일보사, 1996.
68. 제일모직50년사편찬위원회, 『제일모직 50년사』, 제일모직, 2007.
69. 제일모직10년사편찬위원회, 『제일모직 10년사』, 제일모직, 1967.
70. 최윤경, 『19세기 진주지역 상인조직의 변천과 시장 상인활동』, 진주시, 2017.
71. 최위승, 『최위승회고록 포기는 없다』, 도서출판경남, 2012.
72. 최정미, 『광고로 읽는 한국사회 문화사』, 개마고원, 2004.
73. 최해진, 『경주최부자 500년의 신화』, 뿌리 깊은 나무, 2006.
74. 허권수외, 『함안의 인물과 학문 I 』, 도서출판술이, 2010.
75. 허권수, 『유교문화의 형성과 전개』, 보고사, 2017.
76. 허권수, 『절망의 시대 선비는 무엇을 하는가』, 한길사, 2001.
77. 허권수역, 『증국번 가서』, 도서출판술이, 2005.
78. 허병천·허병하, 『서봉(허순구) 국악보』, 민속원, 2013.
79. 허완구, 『지신정 허준 유고첩』, 예옥출판사, 2008.
80. 허영만, 『만화 꼴』, 위즈덤하우스, 2009.
81. 허정도, 『도시의 얼굴들』, 지앤유, 2018.
82. 하야시히로시게·김성호역, 『미나카이 백화점』, 논형, 2007.
83. 하정욱, 『듣다, 상상하다, 금성라디오 A-501 연구』, 대한민국역사박물관, 2020.
84. 호암재단, 『기업은 사람이다』, 을지서적, 1998.
85. 효성그룹창업주 만우 조홍제 회장 추모위원회, 『여보게 조금 늦으면 어떤가』, ㈜북 21, 2003.

86. 황준헌저·김승일역, 『조선책략』, 범우사, 2016.
87. 홍화상, 『이병철 경영대전』, 바다출판사, 2004.
88. 황경규, 『스토리오브 진주』, 사람과나무, 2020.
89. LG50년사편찬위원회, 『LG50년사』, LG, 1997.
90. LG화학50년사편찬위원회, 『LG화학 50년사』, LG화학, 1997.

언론사

1. 국제신문 www.kookje.co.kr
2. 경남신문 www.kmmews.co.kr
3. 경남일보 www.gnnews.co.kr
4. 경남도민일보 www.idomin.com
5. 동아일보 www.donga.com
6. 매일경제 www.mk.co.kr
7. 부산일보 www.busan.com
8. 서울신문 www.seoul.co.kr
9. 세계일보 www.segye.com
10. 연합뉴스 www.yna.co.kr
11. 월간조선 monthly.chosun.com
12. 중앙일보 www. joongang.co.kr
13. 조선일보 www.chosun.com
14. 헤럴드경제 biz.heraldcorp.com
15. JTBC jtbc.co.kr
16. KBS www.kbs.co.kr
17. MBC www.imbc.com

인터넷 검색

1. 국가기록원 www.archives.go.kr
2. 경남문화원 gnculture.gnu.ac.kr
3. 경상대학교남명학연구소 nammyung.gnu.ac.kr
4. 대구중구청 www.jung.daegu.kr
5. 대한상공회의소 www.korcham.net
6. 한민국역사박물관 www.much.qo.kr
7. 마산문화원 masan.kccf.or.kr
8. 부산대한국민족연구소 pncc.pusan.ac.kr
9. 벽산그룹 www.byucksan.com
10. 성균관대학교 www.skku.edu
11. 삼성생명 www.samsunglife.com

12. 삼성전자 www.samsung.com
13. 삼양통상 www.samyangts.com
14. 삼성문화재단 www.samsungfoundation.org
15. 삼성물산 www.samsungcnt.com
16. 서울중앙고등학교 choongang.sen.hs.kr
17. 의령군청 www.uiryeong.go.kr
18. 의령군정곡면사무소 www.uiryeong.go.kr
19. 의령정곡초등학교 jeonggok-p.gne.go.kr
20. 이병주문학관 www.narim.or.kr
21. 영남대학교 www.yu.ac.kr
22. 일본와세다대학 www.waseda.jp
23. 일본법정대학(호세이) www.hosei.ac.jp
24. 전국경제인연합회 www.fki.or.kr
25. 진주개천예술제 www.gaecheonart.com
26. 진주상공회의소 jinju.korcham.net
27. 진주시청 www.jinju.go.kr
28. 진주지수면사무소 www.jinju.go.kr
29. 진주지수초등학교 jisu-p.gne.go.kr
30. 진주중학교 jinju-m.gne.go.kr
31. 진주고등학교 jinju-h.gne.go.kr
32. 진주교육대학교 www.cue.ac.kr
33. 창원상공회의소 changwoncci.korcham.net
34. 코레일한국철도공사 info.korail.com
35. 풍국면 www.poongkukmeyon.co.kr
36. 호암재단 www.hoamfoundation.org
37. 효성그룹 www.hyosung.co.kr
38. 한국기원 www.baduk.or.kr
39. 한국역사정보통합시스템 www.koreanhistory.or.kr
40. 한국역대인물종합정보시스템 people.aks.ac.kr
41. 한국은행 www.bok.or.kr
42. 한국타이어 www.hankooktire.com
43. 한국학자료센터 kostma.aks.ac.kr
44. 한국학중앙연구원 www.aks.ac.kr
45. 함안군청 www.haman.go.kr
46. 함안군군북면사무소 www.haman.go.kr
47. 함안군북초등학교 gunbuk-p.gne.go.kr
48. CJ제일제당 www.cj.co.kr

49. GS그룹 www.gs.co.kr
50. LG그룹 www.lg.co.kr
51. LG공익재단 foundation.lg.or.kr
52. LG경제연구원 www.lgeri.com
53. LG생활건간 www.lghnh.com
54. LX인터내셔널 (LG상사) www.lgicorp.com
55. LG화학 www.lgchem.com

논문

1. 김영주,「만회 구연호의 생애와 문학」, 남명학연구소, 2017.
2. 강정화,「승산마을 허씨가의 의장과 그 활동」, 남명학연구소 , 2017.
3. 박용국,「진주 승산리의 역사변천」, 남명학연구소, 2017.
4. 박유영,「한국재벌의 성장 발전요인에 관한 연구」, 한국경영사학회 16권, 1997.
5. 손용석,「LG그룹 구인회 창업 회장의 기업가정신과 기업 경영」, 국제·경영연구 15집, 2009년.
6. 이동복,「서봉 허순구 국악보 해제」, 민속원, 2013.
7. 이숙희,「서봉 허순구의 생애와 풍류」, 한국정가진흥회 학술회의, 2013.
8. 유병육,「LG그룹의 한국경영사학에서의 위치」, 한국경영사학회, 2000.
9. 양정원,「귀속재산불하를 통한 1950년대 한국산업자본가의 형성에 관한 연구」, 이화여자대학교대학원, 1996.
10. 이민재·김명숙·정진섭,「기업가 정신과 공유가치 창출에 관한 사례연구」, 한국전문경영인학회 제19권 제2호, 2016.
11. 윤호진,「서천 조정규의 삶과 시세계」, 함안군, 2005.
12. 오두환,「삼성재벌의 형성 및 구조에 관한 연구(1945~1960)」, 인하대학교 경제학과 석사논문, 1989.
13. 원창애,「승산마을 능성구씨 문중의 인물과 전개」, 남명학연구소, 2017.
14. 허권수,「승산리 김해허씨 문중의 인물」, 남명학연구소, 2017.
15. 허권수,「함안의 인물과 학문적 전통」, 함안군, 2005.
16. 한국경영사학회,「연암구인회와 상남 구자경이 생애와 경영이념」, 경영사학 제15집 제1호 통권 22호 2000.5.31.

기타

1. 진주시정 촉석루 2022년 7월호
2. 경상남도 경남 공감 2022년 9월호
3. 의령군지, 함안군지, 진양지
4. 해석 논어, 동문선습, 천자문, 백가성

5. 인터넷 조선기업요람
6. 김해허씨 승산 대종중 문헌
7. 대한상공회의소 전국 주요 기업체 명감
8. 월간조선 1984년 3월호
9. 월간조선 2002년 2월호
10. 의령문화원 우리 고장 땅이름 2002
11. 지수초등학교 동창회 방어산
12. 진양지
13. 중외일보
14. 허정구, 허학구 편저. 효주가장(曉州家狀). 2010년 발행.

5. 후기

1) 아목

2020년 1월부터 시작된 코로나19로 인해 작은 법인을 운영하는 필자는 할 수 있는 것이 없었다. 약 3년간 독서와 기록, 일상의 쳇바퀴에서 이탈하지 못하였다.
부끄러운 작은 결실이 몇 개 있다.
중국어 고급과정을 획득하고 정부 기관에서 발행하는 관광통역안내사 자격증을 취득하였다.
가족은 필자를 '지하철 시인'이라고 부른다. '나 때는 말이야, 지하철은' 제목의 시가 공모작에 당선되어 1호선 청량리역, 2호선 홍대 입구, 4호선 서울역, 5호선 동대문역사문화공원역, 8호선 강동구청역 승강장 5곳에 지난 2년간 게시되었다.
독서를 통해 역사학자 박병선을 알고, 사서의 매력에 빠져 전문 교육기관에서 6개월간 공부를 하였다. 책과 기록의 중요성을 알게 된 소중한 결실 중 하나이다.

2) 도기

언론 매체 속에 이병철, 구인회, 조홍제 세 분의 창업주에 관한 뉴스가 있었는데, 그 내용에 의문이 생겼다.
2014년, 세 분의 창업주 고택을 활용한 재물 기운을 주는 '부자 기(氣) 받기'를 관광상품으로 기획하여 중국 서안과 정주시에 홍보한 경험이 있어 접근이 쉽게 되었다.
창업주 세 분과 관련된 각종 관계 자료를 펼쳐보니 언론과 인터넷에 알려진 내용과 차이점이 있었다.
작은 호기심으로 시작된 관심이 이렇게 일을 크게 벌여 놓을 줄이야 미처 몰랐다.
'기억을 기록으로, 흔적을 유산으로' 거창하게 과제를 선정하고 기록물을, 증언자를, 흔적을 찾기 위해 경남 곳곳은 물론 전국을 다녔다.

3) 개공
원고지 2,000매 분량을 정리하여 창원에 본사가 있는 경남신문에 2021년 7월부터 2022년 7월까지 총 54편을 연재하였다. 이병철 18회, 조홍제 14회, 구인회 20회, 후기 2편으로 매주 금요일 한 개 지면을 배정받아 1년간 연재하였다. "대단하다, 수고 많았다, 좋은 일 하였다, 정말 뜻있는 연구를 하였다"는 지인의 격려와 인사말을 들었다.
2022년 3월, 진주에 있는 구 지수초등학교는 중소벤처진흥공단에서 리모델링하여 K-기업가정신센터로 거듭났다. 센터에서 실시하는 기업가 정신 강의에 20회 이상 초대되어 창업주 세 분에 대한 삶을 기록에 근거하여 강의를 하였다.

4) 경감
지면을 빌려 "감사합니다", "고맙습니다"로 인사를 드려야 할 분이 있다.
허권수 전 경상국립대학교 한문학과 교수님께서는 필자의 기록 작업에 관련된 생존하고 계시는 많은 분들을 소개하여 주셨다. 이병철 생가의 주련 23개의 해석 구명까지 세세하게 해 주셨다.
안병석 세무사님은 가지고 있는 기록을 많은 분들이 읽을 수 있도록 출판의 동기를 만들어 주셨다.
많은 분들이 육성 증언, 자료 제공, 현장 설명 등을 도와주셨다. 그분들이 한 줄 한 줄 알려준 자료가 모여 이 책이 되었다. 100명이 넘어 지면의 부족으로 이름을 남기지 못함에 양해를 구하고자 한다.

그러나 지면을 초월하는 감사 인사를 기록으로 남기고 싶은 한 분이 계신다.
이병철 회장 매형인 허순구의 차남 허병천님 이시다. 참 많은 내용을 알려 주셨고 자료도 보내주셨다. 필자는 허순구의 진주 고택이자 허병천의 진주 생가를 찾아드렸다. 고향 진주에 한 번 들러주시길 말씀드렸다. 구순에 가까운 연세라 건강상 오지 못한다 하시니 너무 아쉽다. 원로 하신 아버지를 대신해 도움을 주신 허병천의 장남 허창영 님에게도 감사하다는 인사를 남긴다.

5) 가조
신문 연재에 사용된 몇몇 사진에 등장하는 여성이 있다. 아내이다.
기록을 위하여 흔적을 찾아다닐 때 동행하였다.
신문기자 출신으로 연재하려는 글의 방향을 잘 정리해 주었다.
연재물 중 일부는 50년이 지난 오래된 이야기라 글의 내용에 맞는 사진 구하기가 무척 힘이 들었다. 그래픽으로 처리한 것이 몇 건 있다. 변호사로 일하는 딸이 신문 연재 내용에 맞게 삽화 초안을 그려 주었다.
기록과 흔적을 찾아다니는 동안 가정에 너무 소홀하였다.
'임자·딸, 고맙소' 6자를 남기고 싶다.

6) 용조

앞으로 이 책은 창업주 세 분에 대해 연구하려는 이에게 잘 활용되었으면 좋겠다. 그런 이유로 연, 월 등 기록을 세세하게 남겼다.
세 분의 창업주를 같은 공간, 같은 시간의 한 영역에 넣어 기록을 정리하려고 하니 어려움이 많았다. 그래서 작은 제목으로 구분하였고 내용은 연결되게 구성되어 조금은 혼란스러움도 있다.
창업주와 관련된 현장을 찾아다니면서 수집한 자료와 생존하고 계시는 분의 기억을 바탕으로 기록한 것이기에 신뢰성은 높다고 스스로 생각하고 있다.

7) 용서

신문에 연재된 후 오류를 찾아 수정한 내용도 있다. 누군가 이 책을 읽고 필자의 해석과 사실 관계의 오류가 나오면 바로 잡아주었으면 한다. 혹은 독자가 알고 있는 기록과 자료가 있다면 더 보완되기를 기대하고 있다.
세 분의 창업주 기록을 한권으로 묶으니 분량이 많고, 책의 차례도 나이 순서, 기업과 이름의 가나다 순서, 기업규모 순서 등 어떻게 할지 고민도 있었다.
결국 3권으로 분리하였는데 각각 한권의 책이 되기까지 분량이 문제였다. 본문 1부에 필자와 연결되는 이야기 첨가, 2부는 필자도 관련 있는 지수초등학교, 솥바위, 기 받기 관광상품 내용을 첨가하여 분량을 늘렸다. 부끄러움을 가지고 있다. 마음으로 죄송함도 가지고 있다.

8) 맺음

2020년 2월, 코로나로 인해 사회가 혼란이 시작되었다. 3년이 지난 2023년 2월, 코로나도 진정되고 사회도 사람도 안정이 되어가고 있다.
부자 기 받기, 창업주 이야기도 2020년 2월에 시작하여 2023년 2월에 출판이 되었으니 3년이 소요되었다. 이 졸저가 나오기까지 필자의 하루는 29시였다. 하루가 짧아서 잠자는 5시간도 꿈속에서 자료를 정리하고 기록을 하였다.
이 책은 탈고하지 못한 기록이자 자료이다. 독자의 비판과 아울러 새로운 기록과 자료를 기다리며 erhoo@hanmail.net를 남긴다.